Gutachten D/E
zum 74. Deutschen Juristentag
Stuttgart 2024

Verhandlungen des
74. Deutschen Juristentages
Stuttgart 2024

Herausgegeben von der
Ständigen Deputation
des Deutschen Juristentages

Band I

Bewältigung zukünftiger Krisen: Welche gesetzlichen Rahmenbedingungen werden benötigt, um effizient und effektiv zu reagieren und finanzielle Hilfen bedarfsgerecht zu verteilen?

Gutachten D
zum 74. Deutschen Juristentag

Erstattet von

Prof. Dr. Florian Becker, LL. M. (Cambridge)

Lehrstuhl für Öffentliches Recht
an der Christian-Albrechts-Universität zu Kiel

Gutachten E
zum 74. Deutschen Juristentag

Erstattet von

Prof. Dr. Hanno Kube, LL. M. (Cornell)

Lehrstuhl für Öffentliches Recht unter besonderer
Berücksichtigung des Finanz- und Steuerrechts an der
Ruprecht-Karls-Universität Heidelberg

C.H.BECK

Zitiervorschlag: 74. djt I/D [Seite] oder
74. djt I/E [Seite]

beck.de

ISBN 978 3 406 81551 5

© 2024 Verlag C.H.Beck oHG
Wilhelmstraße 9, 80801 München
Druck und Bindung: Beltz Grafische Betriebe GmbH
Am Fliegerhorst 8, 99947 Bad Langensalza

Umschlag: nach dem Entwurf von rulle & kruska gbr,
Nikolaus Rulle, Köln

chbeck.de/nachhaltig

Gedruckt auf säurefreiem, alterungsbeständigem Papier
(hergestellt aus chlorfrei gebleichtem Zellstoff)

Alle urheberrechtlichen Nutzungsrechte bleiben vorbehalten.
Der Verlag behält sich auch das Recht vor, Vervielfältigungen dieses Werkes
zum Zwecke des Text and Data Mining vorzunehmen.

**Bewältigung zukünftiger Krisen:
Welche gesetzlichen Rahmenbedingungen
werden benötigt, um effizient und effektiv zu
reagieren und finanzielle Hilfen bedarfsgerecht
zu verteilen?**

Gutachten D

zum 74. Deutschen Juristentag

Erstattet von
Prof. Dr. Florian Becker
Lehrstuhl für Öffentliches Recht
an der Christian-Albrechts-Universität zu Kiel

Inhaltsverzeichnis

A. Einleitung .... D 9
B. Begriffe .... D 11
   I. Krise .... D 11
   II. Katastrophe .... D 14
C. Krisenzyklus .... D 16
   I. Vermeidung .... D 16
   II. Vorbereitung .... D 17
   III. Bekämpfung .... D 18
   IV. Beseitigung .... D 20
   V. Aufarbeitung .... D 20
   VI. Gleichzeitigkeit .... D 21
   VII. Defizite .... D 22
   VIII. Veränderungen während der Krise .... D 25
D. Staat und Private in der Krisenabwehr .... D 28
   I. Krisenbekämpfung als Staatsaufgabe .... D 28
   II. Private Beiträge zur Krisenabwehr .... D 30
      1. Grundrechtlicher Status .... D 30
      2. Hilfsorganisationen und Ehrenamt .... D 31
      3. Spontanhelfer .... D 31
      4. Betreiber kritischer Infrastrukturen .... D 32
   III. Krisenbekämpfung als „Verbundprodukt" von Staat und Gesellschaft .... D 33
E. Organisatorische Rahmenbedingungen staatlicher Krisenbekämpfung .... D 34
   I. Gesetzgebungskompetenzen und Gesetze .... D 34
      1. Regelungsschichten .... D 34
      2. Gesetzgebungsbefugnisse der Länder .... D 34
      3. Gesetzgebungsbefugnisse des Bundes .... D 35
         a) Zivilschutz (Art. 73 Abs. 1 Nr. 1 Alt. 2 GG) .... D 35
            aa) Schutz der Zivilbevölkerung .... D 35
            bb) Sicherstellungs- und Vorsorgegesetze .... D 36
         b) Schutz kritischer Infrastrukturen .... D 37
         c) Weitere Gesetzgebungskompetenzen und die auf ihrer Grundlage erlassenen Gesetze .... D 37
   II. Verwaltungskompetenzen und Verwaltungsorganisation ..... D 38
      1. Länder .... D 39
      2. Bund .... D 39
         a) Bundesamt für Bevölkerungsschutz und Katastrophenhilfe (BBK) .... D 40

aa) Aufgaben .... D 40
bb) Besondere Einrichtungen des BBK .... D 40
cc) Ergänzende Bundesausstattung im Bevölkerungsschutz und weitere Bevorratung .... D 42
b) Technisches Hilfswerk (THW) .... D 43
c) Weitere sicherheitsrelevante Behörden und Einrich-
tungen des Bundes .... D 44
d) Wissenschaftsnahe Einrichtungen des Bundes .... D 45
III. Kooperation bei der Krisenbekämpfung .... D 46
1. Kooperationsverhältnisse im Bundesstaat .... D 46
2. Amtshilfe .... D 48
a) Sinn und Voraussetzungen .... D 48
b) Grenzen .... D 48
c) Katastrophenhilfe durch das BBK .... D 49
aa) Begriff und Umfang .... D 49
bb) Verfassungsrechtlicher Grenzgang .... D 50

F. Effizientere und effektivere Krisenbekämpfung? .... D 54
I. Konzentration und Zentralisierung .... D 54
II. Verfassungsrechtliche Rahmenbedingungen .... D 55
1. Bindung an die Verfassung auch in der Krise .... D 55
2. Zuordnung von Verantwortung .... D 56
3. Gewährleistung von Legitimation – auch in der „Stunde
der Exekutive" .... D 57
III. Verbesserung von Effizienz und Effektivität der Krisenbekämpfung durch Zuständigkeitsverschiebungen? .... D 60
1. „Bevölkerungsschutz" als rechtspolitisches Projekt .... D 61
2. Katastrophenschutz als „echte Gemeinschaftsaufgabe"? . D 63
3. Koordinationsbefugnisse des Bundes .... D 64
a) Veränderung der Gesetzgebungskompetenzen .... D 64
b) Das BBK als „Zentralstelle" .... D 65

G. Thesen .... D 68

A. Einleitung

Sinnkrise, Ehekrise, Unternehmenskrise, Regierungskrise, Finanzkrise, Klimakrise: Als umgangssprachlicher Begriff wird „die Krise" inflationär und ubiquitär verwendet – die Krise hat Konjunktur.[1] Die Einordnung eines Zustands als „Krise" erfolgt dabei oft unabhängig von Ursache oder Vorhersehbarkeit, von der Zahl der Betroffenen, von der Schwere der materiellen oder sonstigen Schäden oder von dem Aufwand, der für Verhinderung, Abmilderung, Bekämpfung und Beseitigung zu betreiben ist.

In Deutschland[2] hat erst nach dem 11. September 2001 eine umfassende Diskussion über die staatlichen und gesellschaftlichen Rahmenbedingungen für einen effektiven und effizienten Umgang mit Krisen, die nicht Folge einer kriegerischen Auseinandersetzung sind,[3] begonnen.[4] Eine Reihe weiterer Krisen, vor allem aber die pandemische Ausnahmelage der Jahre 2020 und 2021 haben dafür Sorge getragen, dass das Thema keinen auch nur zwischenzeitlichen Abschluss finden konnte. Das Katastrophenschutzrecht als ein zentraler Baustein der Krisenbekämpfung hat sich dabei – wie das Infektionsschutzrecht[5] – von einem Nischenthema zu einem wissenschaftlich veritablen Rechtsgebiet entwickelt.[6]

---

[1] *Kaufhold*, Systemaufsicht, 2016, S. 1; ähnlich *Schwerdtfeger*, Krisengesetzgebung, 2018, S. 1; der Sache nach auch *Barczak*, Der nervöse Staat, 2020, S. 1 ff.

[2] Zu der Krisenbekämpfung durch die EU vgl. *de Witte*, CMLRev 59 (2022), 3 ff.; *Hofmann*, ZG 2022, 249 (267); *Hornung/Stroscher*, GSZ 2021, 149 (151 f.); *Schwartz*, Das Katastrophenschutzrecht der Europäischen Union, 2012; zu den Zuständigkeiten bei Bekämpfung einer Pandemie, *Trute*, GSZ 2018, 125 (128 f.); s. a. zu den völkerrechtlichen Strukturen der Pandemiebekämpfung und der Rolle der WHO (126 ff.). Dieses Gutachten beschränkt sich indes auf die Perspektive der Bundesrepublik Deutschland.

[3] Diese werden unter dem Vorzeichen der zivilen Verteidigung bekämpft, s. u. Fn. 163.

[4] Zwischenresultat war das „Konzept für eine neue Strategie zum Schutz der Bevölkerung" vom 25.3.2002 (Anlage 19 zur Beschlussniederschrift über die 170. Sitzung der IMK am 05./6.6.2002). Im Jahr 2010 wurde eine 2. Aufl. herausgegeben.

[5] Eckart/Winkelmüller (Hrsg.), Infektionsschutzrecht, 2. Aufl. 2023; *Klafki*, Risiko und Recht, 2017; Kluckert (Hrsg.), Das neue Infektionsschutzrecht, 2. Aufl. 2021; Kießling (Hrsg.), Infektionsschutzgesetz, 3. Aufl. 2022; Sangs/Eibenstein (Hrsg.), Infektionsschutzgesetz, 2022; *Gebhardt*, Infektionsschutzgesetz, 6. Aufl. 2022; *Erdle*, Infektionsschutzgesetz, 8. Aufl. 2021; *Handorn*, in: Spickhoff (Hrsg.), Medizinrecht, 4. Aufl. 2022, IfSG; Huster/Kingreen (Hrsg.), Handbuch Infektionsschutzrecht, 2. Aufl. 2022.

[6] Erkennbar an den Verhandlungen der Staatsrechtslehrervereinigung, VVDStRL, Staat und Gesellschaft in der Pandemie Bd. 80 (2021); s. a. *Kloepfer*, Handbuch des Katastrophenrechts, 2015; *Leupold*, Die Feststellung des Katastrophenfalls, 2012; *Lodd*, Die rechtliche Konzeption des Bevölkerungsschutzes, 2023; *Grüner*, Biologische Katastrophen, 2017; *Walus*, Katastrophenorganisationsrecht, 2012; *Sattler*, Ge-

Indes weist das Grundgesetz weder dem Bund noch den Ländern eine umfassende Gesetzgebungs- oder Verwaltungskompetenz zur Krisenbekämpfung zu. Da Krisen in vielen Rechts- und Lebensbereichen eintreten können, sind die für ihre Bekämpfung relevanten Gesetzgebungskompetenzen vielmehr ebenso thematisch weit gestreut wie die korrespondierenden Verwaltungskompetenzen. Regelungen zur Vermeidung von Krisen finden sich zudem regelmäßig nicht in explizit krisenbezogenen Gesetzen, sondern in den allgemeinen Regelungen des Wirtschaftsverwaltungs-, Umwelt- oder Planungs- sowie des (sonstigen) Risikoverwaltungsrechts.[7]

Wegen dieser Fragmentierung gibt es kein kohärentes allgemeines „Krisen(verwaltungs-)recht" und keine einheitliche Krisenverwaltung:[8] Ein Zusammenbruch des Bankensystems wird von anderen Akteuren und mit anderen Instrumenten bewältigt als die Folgen eines Flugzeugabsturzes in ein Atomkraftwerk oder einer Pandemie. Gemeinsame Strukturen einer effektiven und effizienten Krisenbewältigung lassen sich hier nur auf einem höchsten Abstraktionsniveau nachweisen. Zudem enthalten die Gesetze, die sich ausdrücklich mit „Krisen" befassen,[9] zwar abstrakt-generelle Regelungen. Sie sind aber häufig anlässlich eines konkreten Krisenereignisses und nur für dessen Bewältigung erlassen worden.[10] Auch dies erschwert ihre Inanspruchnahme als Reservoir für ein allgemeines Krisenrecht.

Ziel dieses Gutachtens ist es daher, Rahmenbedingungen für die Krisenbekämpfung vorzustellen, Defizite im Hinblick auf deren Effizienz und Effektivität zu benennen und entsprechende Änderungsvorschläge zu unterbreiten.

---

fahrenabwehr im Katastrophenfall 2008; *Köck*, in: Ehlers/Fehling/Pünder (Hrsg.), Besonderes Verwaltungsrecht, Bd. 3, 4. Aufl. 2020, § 71.
[7] *Kloepfer* (o. Fn. 6), § 6 Rn. 1 ff.
[8] *Lepsius*, DieVerw 2022, 309 (311 ff.).
[9] S. hierzu sogleich Fn. 12 ff.
[10] S. u. Fn. 13 zu den zeitlich begrenzten Änderungen des IfSG.

B. Begriffe

I. Krise

Das Grundgesetz kennt die „Seuchengefahr", die „Naturkatastrophe" oder den „besonders schwere[n] Unglücksfall",[11] nicht hingegen die „Krise". Allerdings hat sich in der Finanzkrise (2007/8)[12] sowie in der mit ihr verbundenen Eurokrise (2010), in der Corona- (2020)[13] und der Energiekrise (2021)[14] die „Krise" im einfachen Gesetzesrecht und damit auch im juristischen Diskurs festgesetzt.[15] In der Rechtswissenschaft ist sie dennoch nicht als kohärentes dogmatisches Konzept etabliert,[16] weil ihre umgangssprachliche ebenso wie ihre gesetzliche Verwendung zu vielgestaltig ist.

---

[11] Seuchengefahr (Art. 11 Abs. 2 und Art. 13 Abs. 7 GG), Naturkatastrophe (Art. 11 Abs. 2 und Art. 35 Abs. 2 Satz 2 und Abs. 3 Satz 1 und Art. 109 Abs. 3 Satz 2 GG) und der besonders schwere Unglücksfall (Art. 11 Abs. 2 und Art. 35 Abs. 2 Satz 2 und Abs. 3 Satz 1 GG).

[12] Das Finanzmarktstabilisierungsgesetz (FMStG) vom 17.10.2008 (BGBl. I 1982) trat vor dem Hintergrund einer „weltweite(n) Finanzmarktkrise" bzw. „Bankenkrise" in Kraft, Entwurf der Fraktionen der CDU/CSU und SPD eines Gesetzes zur Umsetzung eines Maßnahmenpakets zur Stabilisierung des Finanzmarktes, BT-Drs. 16/10600, S. 9. Seit dem Gesetz vom 10.7.2020 (BGBl. I 1633) firmiert das FMStG unter dem Titel „Gesetz zur Errichtung eines Finanzmarkt- und eines Wirtschaftsstabilisierungsfonds (StFG)". Dies trägt einer Erweiterung seines Anwendungsbereichs Rechnung.

[13] Vgl. das Gesetz über den Einsatz der Einrichtungen und sozialen Dienste zur Bekämpfung der Coronavirus SARS-CoV-2 Krise in Verbindung mit einem Sicherstellungsauftrag vom 27.3.2020 (BGBl. I 575, 578); daneben ermöglicht zB § 23 Abs. 1 StFG die Refinanzierung von Sonderprogrammen als Reaktion auf die „Corona-Krise". Zahlreiche Vorschriften im IfSG galten bzw. gelten ausschließlich für die Covid-19-Pandemie, bspw. § 22a IfSG für Impf-, Genesenen- und Testnachweise, §§ 28a ff. IfSG für besondere Schutzmaßnahmen; die Änderungen zur „Bundesnotbremse" durch das Vierte Gesetz zum Schutz der Bevölkerung bei einer epidemischen Lage von nationaler Tragweite vom 22.4.2021 (BGBl. I 802); Gesetz zur Abmilderung der Folgen der COVID-19-Pandemie im Zivil-, Insolvenz- und Strafverfahrensrecht vom 27.3.2020 (BGBl. I 569); zum Ablauf der Gesetzgebung in der Corona-Krise ausf. *Kersten/Rixen*, Der Verfassungsstaat in der Corona-Krise, 3. Aufl. 2022, S. 115 ff.

[14] §§ 26a ff. StFG sind überschrieben mit „Abfederung der Folgen der Energiekrise"; „Sonderregelungen zur Bewältigung einer Gasmangellage" treffen die §§ 31a ff. BImSchG; § 4 Abs. 1 des LNG-Beschleunigungsgesetzes vom 24.5.2022 sieht Ausnahmen von der Pflicht zur Umweltverträglichkeitsprüfung vor, „um eine Krise der Gasversorgung zu bewältigen oder abzuwenden".

[15] Die Flüchtlingskrise (2015) hat aber wohl keinen begrifflichen Widerhall in einem Gesetz gefunden.

[16] *Barczak*, DVBl. 2023, 1036 (1040).

Um für die Frage nach der Effizienz und Effektivität staatlicher Krisenbekämpfung relevant zu sein, muss der Begriff der „Krise" enger als bei den eingangs genannten Beispielen gefasst werden:[17] Im Ausgangspunkt handelt es sich bei einer hier relevanten Krise um eine länger andauernde, unerwartete und/oder unerwünschte Abweichung von einem idealen, „gesunden" oder zumindest akzeptablen Zustand von Staat und/oder Gesellschaft.

Eine solche Krise wird durch (scheinbar) anlasslose, katastrophale Naturereignisse oder von menschlichen (Fehl-)Entscheidungen verursacht; oftmals wirkt beides aufeinander ein:[18] Eine Naturkatastrophe, die in eine Krise mündet,[19] kann durch vorausgegangene menschliche Entscheidungen (mit-)ausgelöst worden sein.[20] Krisen sind durch diffuse Kausalitäten und entgrenzte Wirkungszusammenhänge gekennzeichnet,[21] die ihre Vorhersehbarkeit und die Beherrschung ihrer Folgen erschweren. Krisen treten unangekündigt, schockartig auf, auch wenn sie sich manchmal demjenigen, der sie sehen möchte, ankündigen, um dann nach einer zunächst schleichenden Entwicklung plötzlich und mit aller Gewalt in das Leben des Einzelnen oder der Gesellschaft zu treten.[22]

Ob ein Zustand „zur Krise wird", hängt auch davon ab, wie er von den Betroffenen wahrgenommen oder von den Medien dargestellt wird. Eine außergewöhnlich starke Grippewelle kostete im Winter 2017/18 rund 25.100 Menschen in Deutschland das Leben.[23] Auch wenn die Corona-Pandemie bis heute mit noch viel mehr Todesfällen in Verbindung gebracht wird,[24] hätte doch jene Anzahl an Toten in einem recht kurzen Zeitraum eigentlich nicht nur in der

---

[17] *Lepsius* (o. Fn. 8), S. 315 ff., 317.

[18] *Sarat/Lezaun*, Introduction, in: dies. (Hrsg.), Crisis and Catastrophe in Science, Law and Politics, 2009, S. 1 ff. (2).

[19] Vgl. die Bspe. in *BMI*, Strategie für einen modernen Bevölkerungsschutz, 2009, S. 11.

[20] *Kloepfer* (o. Fn. 6), § 1 Rn. 1.

[21] *Klafki*, JöR 2021, 583 (586 f.); *Lepsius*, DieVerw 2022, 309 (319 ff.).

[22] Die Klimakrise wird hier daher im Weiteren ausgeblendet, weil sie sich weithin sichtbar, aber immer noch langsam entwickelt und ihr daher nicht durch die Organisation kurzfristiger Hilfe, sondern nur durch langfristig wirkende politische Gestaltung zu begegnen ist; Zur politischen Planung der Resilienz gegen die Folgen dieser Krise vgl. zB *Bundesregierung*, Deutsche Strategie zur Stärkung der Resilienz gegenüber Katastrophen, 2022, S. 22.

[23] „Grippewelle war tödlichste in 30 Jahren", Ärzteblatt vom 30.9.2019, abrufbar auf der Interseite des Ärzteblatts; Vergleich mit der Zahl der Verkehrstoten bei *Klafki*, NJW 2023, 1340 (1341).

[24] Von März 2020 bis Dezember 2023 wurde die Zahl der Todesfälle „in Zusammenhang mit" dem Virus in der Bundesrepublik Deutschland mit ca. 180.000 Menschen angegeben; *Radtke*, Todesfälle mit Coronavirus in Deutschland nach Altersgruppe, 6.12.2023, abzurufen auf https://de.statista.com.

Wahrnehmung der Akteure des Gesundheitssystems, sondern auch in der breiten Bevölkerung das Potenzial zur Krise gehabt. Krisen bedrohen Rechtsgüter wie Leben und Gesundheit, Hab und Gut. Da sich die moderne Gesellschaft in eine erhebliche Abhängigkeit von infrastrukturellen Dienstleistungen begeben hat, ist sie aber auch hier besonders krisenanfällig geworden.[25] Der Zusammenbruch eines zu großen Teilen nur in digitaler Form existierenden Systems (etwa der Finanzwirtschaft) kann krisenhafte Konsequenzen für „greifbare" Rechtsgüter (Realwirtschaft) haben.

Krisen haben unterschiedliche Schadensausmaße. Die verschiedenen Flutkatastrophen hatten regional verheerende Wirkungen; in anderen Teilen des Landes nahm man an ihnen bestenfalls über die Nachrichten teil. Eine „pandemische Krise" gefährdet hingegen die Funktionsfähigkeit einer gesamten Gesellschaft und hat somit ein systemisches Ausmaß.[26]

Obwohl Katastrophen und Krisen keine bloßen „sozialen Konstrukte" sind,[27] müssen sie aus Sicht der Betroffenen und deren konkreten sozialen Rahmenbedingungen sowie in ihrem räumlichen und zeitlichen Kontext klassifiziert werden: Eine Sturmflut, vor der die in robusten Häusern siedelnden Küstenbewohner rechtzeitig gewarnt werden und die sich an Schutzanlagen bricht, weist kaum Krisenpotential auf, während dieselbe Flut, die auf eine ökonomisch und baulich weniger entwickelte Küste und dort errichtete Holzhütten trifft, eine veritable Krise verursachen kann, wenn dort dann auch kein nennenswerter Katastrophenschutz existiert.

Krisen entfalten aber auch innerhalb ein und derselben Gesellschaft durchaus relative Wirkungen:[28] Wie die Corona-Pandemie gezeigt hat, wirkt sich eine Krise innerhalb einer Gesellschaft je nach den sozialen, ökonomischen oder gesundheitlichen Umständen der Betroffenen ganz unterschiedlich aus. Sie vertieft bestehende Ungleichheiten und bringt Krisengewinner sowie -verlierer hervor.[29]

Krisen stellen die Organisations- und Handlungsfähigkeit von Staat und Gesellschaft ebenso wie die Fähigkeit zur Solidarität auf die Probe.[30] Sie erfordern Entscheidungen über wesentliche, oft

---

[25] *BMI*, Strategie für einen modernen Bevölkerungsschutz, 2009, S. 11.
[26] *Rixen*, DieVerw 2022, 345 (346) unter Bezugnahme auf *Kaufhold* (o. Fn. 1).
[27] So etwa *Cooper*, Seven Dimensions of Disaster, in: Samuel/Aronsson-Storrier/Bookmiller (Hrsg.), The Cambridge Handbook of Disaster Reduction and International Law, S. 17 (18 ff.).
[28] *Sarat/Lezaun*, Introduction, in: dies. (Hrsg.), Crisis and Catastrophe in Science, Law and Politics, 2009, S. 1 (3).
[29] *Sarat/Lezaun* (o. Fn. 28), S. 3 f.; s. a. *Kloepfer* (o. Fn. 6), § 6 Rn. 50 ff. zur „Katastrophengerechtigkeit".
[30] Vgl. zu Naturkatastrophen *Wolf*, KritV 2005, 399 (399 f.).

mit komplexen Wertungen behaftete Fragen unter Zeitdruck und dem Eindruck von Unsicherheit.[31] Dies lässt Staat und Gesellschaft kaum Zeit, um zu planen und Ressourcen zu beschaffen. Die durch die Krise gestellten Aufgaben müssen daher grundsätzlich mit den vorhandenen Ressourcen und in den bestehenden Strukturen gelöst werden, die aber ggfs. unter dem Eindruck der Krise spontan verändert werden.

II. Katastrophe

Eine – regelmäßig länger andauernde – Krise kann durch eine – typischerweise punktuelle – Katastrophe ausgelöst werden.[32] Die „Katastrophe" ist gesetzlich definiert, denn bei dem Katastrophenschutzrecht handelt es sich um eine etablierte Materie des besonderen Gefahrenabwehrrechts, die als lex specialis ihren sächlichen und zeitlichen Anwendungsbereich festlegen muss. Die genauen Formulierungen in den Gesetzen der Länder variieren zwar, aber ihre zentralen Elemente wiederholen sich. Die Gefahr bzw. der Schaden, die bzw. der von einem Ereignis herrührt, muss eine gewisse Schwere aufweisen. Dies wird anhand der Betroffenheit „zahlreicher"[33] bzw. „einer Vielzahl von"[34] Menschen bzw. Tieren[35] sowie anhand der Nennung weiterer Rechtsgüter (Leben und Gesundheit, „bedeutende Sachgüter"[36], „natürliche Lebensgrundlage")[37] deutlich.

Weiteres konstitutives Merkmal der Katastrophe ist die Notwendigkeit der Kooperation oder sogar der Devolution von Befugnissen: Ihre Abwehr erfordert das Zusammenwirken verschiedener Behörden[38] – ggfs. unter einheitlicher Leitung.[39] Katastrophenschutzrecht ist somit in weiten Teilen Organisationsrecht,[40] da in der Katastrophe Befugnisse und Aufgaben verändert[41] und Behörden und/oder

---

[31] *Hustedt*, Verwaltung und der Umgang mit Krisen und Katastrophen, in: Veit/Reichard/Wewer (Hrsg.), Handbuch zur Verwaltungsreform, 5. Aufl. 2019, S. 181 (187) unter Hinweis auf *Rosenthal/Charles/'t Hart*, Coping with crises: The management of disasters, riots, and terrorism, 1989.
[32] Zu dieser zeitlichen Abfolge *Schuck*, Crisis and Catastrophe in Science, Law and Politics, in: Sarat/Lezaun (Hrsg.), Catastrophe, 2009, S. 19 (26).
[33] § 1 Abs. 1 LKatSG SH; § 1 Abs. 2 LKatSG BW.
[34] Art. 1 Abs. 2 BayKSG; § 1 Abs. 2 Nr. 2 BbgBKG.
[35] § 1 Abs. 2 LKatSG BW.
[36] § 1 Abs. 1 LKatSG SH, ähnlich § 1 Abs. 2 LKatSG BW; Art. 1 Abs. 2 BayKSG, § 1 Abs. 2 KatSG-LSA.
[37] Art. 1 Abs. 2 BayKSG.
[38] *Gusy*, DÖV 2011, 85 (87); *Grüner* (o. Fn. 6), S. 84.
[39] § 1 Abs. 2 LKatSG BW; § 1 Abs. 2 KatSG LSA; § 1 Abs. 1 LKatSG SH; Art. 1 Abs. 2 BayKSG; § 1 Abs. 2 Nr. 2 BbgBKG.
[40] *Lepsius* (o. Fn. 8), S. 310.
[41] „Kompetenzveränderungsrecht", *Grzeszick*, VerwArch. 2023, 139 (140).

Private zur Kooperation angehalten werden.⁴² Daneben enthalten die Katastrophenschutzgesetze eine ganze Reihe besonderer Eingriffsbefugnisse.⁴³

Katastrophen in diesem Sinne sind etwa Großbrände, Fluten, Flugzeugabstürze und damit örtlich eingegrenzte Schadensereignisse. Dies erklärt die grundsätzlich dezentralen Organisationsstrukturen des operativen Katastrophenschutzes.⁴⁴ Bei den örtlichen Behörden sind (idealerweise) die Ressourcen, jedenfalls aber die Kenntnisse um die örtlichen Besonderheiten vorhanden. Vor diesem Hintergrund kann dann auch am besten vor Ort entschieden werden, welche zusätzlichen Handlungsbeiträge und Ressourcen Dritter zur Krisenbekämpfung benötigt werden.

Dieses Konzept der operativen Dezentralität gerät auch bei sich über mehrere Länder oder aber das ganze Bundesgebiet erstreckenden Szenarien zunächst nicht unter Rechtfertigungsdruck; wenn also etwa bundesweit der Strom, die Wasser- oder die Lebensmittelversorgung ausfallen.⁴⁵ Grundsätzlich ist auch hier erst einmal die örtliche Katastrophenschutzbehörde dafür zuständig, die Einwohner ihres örtlichen Zuständigkeitsbereichs mit Strom, Wasser und Lebensmitteln zu versorgen – unabhängig davon, wo das Problem entstanden ist und wo es auch noch zu einer Versorgungskrise geführt hat.

---

⁴² „Kooperationsrecht", *Gusy*, GZS 2020, 101 (102 ff.).
⁴³ *Kloepfer*, Handbuch des Katastrophenrechts, 2014, § 10 Rn. 76 ff.
⁴⁴ Zur Verteilung der Verwaltungskompetenzen im Katastrophenschutz siehe Text zu u. Fn. 187.
⁴⁵ *Gusy*, GZS 2020, 101 (102).

C. Krisenzyklus

Die Krisenbekämpfung iwS erstreckt sich über mehrere Phasen,[46] die unterschiedliche Zumutungen für Gesellschaft, Staat und Recht bereithalten.

I. Vermeidung

In der Krise realisieren sich Risiken, deren Beherrschung ein Anliegen des modernen Staats ist. Daher steht an erster Stelle staatlicher Handlungsoptionen die Krisenvermeidung oder -verhütung[47]. Im Katastrophenschutzrecht ist sogar von einem an das umweltrechtliche Vorsorgeprinzip[48] angelehnten „Vermeidungsprinzip"[49] die Rede.

Das Risiko, über dessen Definition keine Einigkeit besteht,[50] wird in Abgrenzung zur polizeilichen Gefahr durch eine geringere Eintrittswahrscheinlichkeit, d. h. die mehr oder weniger entfernte „Möglichkeit" eines nachteiligen Zustands charakterisiert.[51] Auch aus Sicht eines objektiven Beobachters steht nicht abschließend fest, mit welcher Wahrscheinlichkeit ein Schaden eintreten wird.[52] Es fehlt hier oft schon an einem aussagekräftigen objektiven Wissensstand. In der Bewertung der Wahrscheinlichkeit liegt eine erhebliche Unbestimmtheit, die indes der gesteigerten Ungewissheit des Eintritts von in der Abhängigkeit von Ursachen und Wirkungen interdependenten Beziehungen neuartiger naturwissenschaftlicher und technischer Herausforderungen geschuldet ist.[53] Auf Grund eben jener Abhängigkeit vom aktuellen Kenntnisstand der Wissenschaft ist auch das Ergebnis der Abwägungsentscheidung über die Hinnehmbarkeit des Risikos stets im Wandel.[54]

---

[46] „Zyklus-Modell", vgl. *Hustedt* (o. Fn. 31), S. 184 f.
[47] S. zB im Entwurf der Bundesregierung eines Gesetzes zur Neuordnung seuchenrechtlicher Vorschriften (SeuchRNeuG), BT-Drs. 14/2530, S. 38: Prävention als „Leitgedanke" des IfSG.
[48] Hierzu *Kloepfer*, Umweltrecht, 4. Aufl. 2019, § 4 Rn. 22 ff.
[49] *Kloepfer* (o. Fn. 6), § 6 Rn. 1 ff.; zum vorbeugenden Katastrophenschutz s. a. *Wolf* (o. Fn. 30), S. 401 f.
[50] *Müller* Risiko und Recht, in: Hilgendorf/Jorden (Hrsg.), Handbuch der Rechtsphilosophie, 2. Aufl. 2021, S. 511 (512); vgl. *Schulze-Fielitz*, DÖV 2011, 785 (786).
[51] S. etwa *Karthaus*, Risikomanagement durch ordnungsrechtliche Steuerung, 2001, S. 58 f.
[52] *Müller* (o. Fn. 50), S. 512; *Jaeckel*, JZ 2011, 116 (124).
[53] *Jaeckel*, JZ 2011, 116 (117).
[54] *Di Fabio*, Risikoentscheidungen im Rechtsstaat, 1994, S. 72.

Der Staat darf grundsätzlich nicht erst das Umschlagen des Risikos in einen Schaden abwarten, sondern muss bereits im Vorfeld effektive Präventionsmaßnahmen treffen – ohne dabei jedes Risiko unter allen Umständen ausschließen zu können oder zu müssen.⁵⁵ Auch in der Vermeidungsphase ist ein gewisses Restrisiko von allen Bürgern als sozial adäquate Last zu tragen: Es besteht keine Pflicht des Staates, jegliches, mit einem noch so unwahrscheinlichen Risiko verbundenes Handeln zu unterbinden, oder sich auf jede noch so fernliegende Krise vorzubereiten.⁵⁶ Risikopräventive Regelungen finden sich zB in § 7 Abs. 2 Nr. 3 AtG, § 6 Abs. 1 GenTG, § 40 Abs. 1 Nr. 2 AMG, § 17 Abs. 2 ChemG sowie im Bereich des Lebensmittel- (§ 1 Abs. 1 Nr. 1, Abs. 2 LFGB) und des Seuchenschutzrechts (§ 1 Abs. 1 IfSG).⁵⁷ Auch jenseits des Risikoverwaltungsrechts – etwa in der Fach- und Raumplanung – wird das Anliegen der Krisenvermeidung (oder zumindest -vorbereitung) verwirklicht.⁵⁸ In all diesen Gesetzeswerken finden sich indes kaum Regelungen zur Krisenbekämpfung ieS, sollte sich das Risiko tatsächlich einmal realisieren.⁵⁹

II. Vorbereitung

Nicht alle Krisen sind tatsächlich vorhersehbar und in ihrer konkreten Erscheinung vermeidbar. Bisweilen fehlt es auch an der Einsicht, dass eine bestimmte Krise droht. Oder ihre Vermeidung fordert zu hohe (politische) Kosten, so dass Staat und/oder Gesellschaft ihre Eintrittsgefahr ausblenden und darauf hoffen, dass die Krise auch ohne aktive (oder bei nur halbherziger) Krisenvermeidung nicht oder zumindest nicht in vollem Umfang eintreten wird.

Aber selbst wenn eine Krise vermeidbar gewesen wäre, nützt diese Erkenntnis den Betroffenen im Moment ihres Eintritts auch nichts mehr. Daher tritt neben die Vermeidungsphase die Vorbereitungs- bzw. Vorsorgephase, während der sich der Staat durch Informationsgewinnung, Organisation, Planung, Übung sowie durch die Beschaffung und Bevorratung von Ressourcen so gut wie möglich auf die Krisenbekämpfung ieS vorzubereiten hat.⁶⁰

---

⁵⁵ BVerfGE 157, 30 (111 ff.); *Müller* (o. Fn. 50), S. 513.
⁵⁶ BVerfGE 49, 89 (143); *Isensee*, Das Grundrecht auf Sicherheit, 1983, S. 41 f.
⁵⁷ Vgl. *Kaufhold* (o. Fn. 1), S. 11.
⁵⁸ S. § 1 Ab. 6 Nr. 10, 12 BauGB, § 2 Abs. 2 Nr. 6 und 7 ROG, §§ 72 ff. WHG. Zu den planerischen Instrumenten der Krisenvorbereitung *Adam*, Raum- und Stadtplanung als Instrument der Katastrophenvorsorge, in: Karutz/Geier/Mitschke (Hrsg.), Bevölkerungsschutz, 2017, S. 178 ff.; *Kloepfer* (o. Fn. 6), § 10 Rn. 67 ff., § 18 Rn. 5 ff.
⁵⁹ *Klafki* (o. Fn. 5), S. 45 f.
⁶⁰ Insbesondere zur Planungspflicht *Klafki* (o. Fn. 5), S. 147 f.

Die sinnvolle Nutzung dieser Phase wird durch die Ungewissheit und die Unvorhersehbarkeit der kommenden Krise erschwert. So ist es zwar einigermaßen sicher, *dass* künftig Extremwetterereignisse eintreten werden. Wo, wann und wie dies aber der Fall sein wird, d.h. *wann welche* personellen und sachlichen Ressourcen *an welchem Ort* bereitstehen müssen, ist einigermaßen unklar. Alles das kulminiert im „Schwarzen Schwan", dem unvorhergesehenen und unvorhersehbaren Ereignis.[61] Diese Unsicherheit hat Auswirkungen auf die Bereitschaft, Zeit, Energie und Ressourcen für die Vorbereitung auf ein Ereignis aufzuwenden, von dem niemand weiß, ob, wann, in welcher Form und mit welcher Intensität es eintreten wird.

Dennoch ist in dieser Phase nicht nur die Krisenbekämpfung ieS durch Planung und Organisation vorzubereiten, sondern es ist eine *Krisenresilienz* von Staat und Gesellschaft herzustellen, die die Folgen einer Krise abmildert[62] und die nur in engen Grenzen während der Akutphase aufgebaut werden kann.[63] Resilienz beschreibt die Widerstandsfähigkeit eines Systems oder eines Individuums gegen krisenbedingte Funktionsverluste: Das Individuum soll entweder aus eigenem Antrieb oder aufgrund staatlicher Anregung Vorkehrungen treffen, um seine psychische oder physische Verletzlichkeit zu vermeiden, bei Unvermeidbarkeit ihre Folgen erträglich zu gestalten oder zu kompensieren und zur Wiederherstellung der Funktionsfähigkeit beitragen zu können.[64] Der Bezugspunkt des Begriffs variiert: Resilienz kann sich auf Personen, Institutionen, Unternehmen v.a. der Infrastruktur, die Gesellschaft, das Recht[65] oder den Staat in seiner Gesamtheit beziehen.[66]

III. Bekämpfung

Der Eintritt der Krise löst die Notwendigkeit einer Krisenbekämpfung ieS – des eigentlichen „Krisenmanagements"[67] – aus. Hier schlägt die Stunde des Katastrophenschutzrechts. Verursachung und Vermeidbarkeit der Krise spielen in diesem Moment keine Rolle

---

[61] Begriff von *Taleb*, The Black Swan, 2. Aufl. 2010, S. XXI ff.
[62] Zur Staatsaufgabe „Resilienzgarantie" *Rixen*, VVDStRL 80 (2021), 37 (49 ff.); s.a. *Hustedt* (o. Fn. 31), S. 181 ff.
[63] S.a. zur Herstellung der Krisenfestigkeit kommunaler Institutionen während der Corona-Pandemie, *Meyer*, NVwZ 2020, 1302.
[64] *Rixen* (o. Fn. 62), S. 42 f.; s.a. *Bundesregierung*, Deutsche Strategie zur Stärkung der Resilienz gegenüber Katastrophen, 2022, S. 17.
[65] Hierzu etwa die Beiträge in: v. Lewinski (Hrsg.), Resilienz des Rechts, 2016 und *Barczak* (o. Fn. 1), S. 605 ff.
[66] Die „Begriffskarriere" der Resilienz schildert *Rixen* (o. Fn. 26), S. 346 ff.
[67] *Barczak*, DVBl. 2023, 1036 (1040).

(mehr);[68] wohl aber die Gewissenhaftigkeit bei der Vorbereitung auf die Krisenbekämpfung. Akute Krisenabwehr benötigt einen langen strategischen Vorlauf an institutionalisierter Organisation und Vorsorge. Sie bedarf der im Katastrophenschutzrecht vorgesehenen Kooperation, der Koordination sowie der Übung all dessen bereits im Vorfeld einer möglichen Krise, deren Einzelheiten niemand vorhersehen kann.[69]

An das Krisenmanagement während der akuten Krisenphase werden fünf Anforderungen gestellt:[70] *Erstens* gilt es, eine Krisensituation hinsichtlich ihrer Art, ihres Umfangs sowie ihres Bedrohungspotenzials möglichst frühzeitig zu erkennen. Die Erfüllung dieser Aufgabe wird durch undurchsichtige Kausalverläufe und unsichere Informationslagen erschwert. *Zweitens* muss in einer Krise entschieden werden, wie der Situation zu begegnen ist. Auch hier wirken sich die Unsicherheit und die Dynamik der Situation selten vorteilhaft auf die Qualität der Entscheidungen aus. *Drittens* sind die verschiedenen an der Krisenbewältigung beteiligten Akteure miteinander zu koordinieren. *Viertens* sollte spätestens mit den ersten belastbaren Erkenntnissen über die Krisensituation auch die Krisenkommunikation mit der Öffentlichkeit einsetzen.[71] Das *fünftens* ebenfalls geforderte „Lernen *aus* der Krise" dürfte erst nach deren Beendigung volle Bedeutung erlangen. Ein „Lernen *während* der Krise" ist hingegen ein schon früh einsetzender Auftrag, der eine permanente Anpassung der Strukturen und Entscheidungen in der Krisenbekämpfung im Sinne eines „trial and error" fordert.

Die Dringlichkeit des durch den Kriseneintritt hervorgerufenen Handlungsbedarfs taucht die Überschreitung von Zuständigkeitsgrenzen während der anfänglichen „Chaosphase"[72] in ein mildes Licht. Auch dürfte zunächst eine signifikante Bereitschaft auf Seite der Handelnden wie auf der Seite der Betroffenen bestehen, grundrechtlich belastende (Verteilungs-)Entscheidungen unter Unsicherheit hinzunehmen. Die Justiz dürfte in den allein in Frage kommenden Eilverfahren bei der Abwägung regelmäßig zugunsten des staatlicherseits verfolgten Rechtsgüterschutzes entscheiden.[73] Aber je

---

[68] Zu dieser Phase *Wolf* (o. Fn. 30), S. 402 ff.
[69] *Wolf* (o. Fn. 30), S. 403.
[70] Die folgende Ausdifferenzierung findet sich bei *Hustedt* (o. Fn. 31), S. 186 f.
[71] Empfehlungen zur Kommunikation von Lageinformationen wurden entwickelt von *Wahl/Gerhold*, in: Gerhold/Peperhove/Lindner/Tietze (Hrsg.), Schutzziele, Notfallvorsorge, Katastrophenkommunikation, 2012, S. 66 (69 ff.).
[72] Begriff aus der Stellungnahme des THW für den Ausschuss für Inneres und Heimat des Deutschen Bundestages, Ausschussdrucksache 20(4)80 E, S. 3.
[73] Etwa OVG Saarlouis, 26.5.2021 – 2 B 136/21, BeckRS 2021, 12437 zur Ladenöffnung nur für negativ auf eine Corona-Infektion getestete Kunden; zum einstweiligen Rechtsschutz gegen ein Verbot von „Montagsspaziergängen", BVerfG NVwZ 2022, 324.

länger die Krise anhält und je mehr Staat und Bürger sich an sie gewöhnt haben, desto eher werden wieder die Fragen nach Zuständigkeit, Legitimation und Rechtsschutz gestellt und desto mehr werden staatliche Entscheidungen auch materiell im Hinblick auf ihre Sinnhaftigkeit und Verhältnismäßigkeit politisch und rechtlich angegriffen werden.[74]

IV. Beseitigung

Zeitlich schon jenseits der Krisenbekämpfung ieS erfolgt die Beseitigung langfristiger Krisenfolgen (wie etwa wirtschaftlicher Schäden von Unternehmen und Individuen)[75] mit Instrumenten der Sozial-, Wirtschafts-, Steuer- oder Finanzpolitik oder im Verhältnis der Gebietskörperschaften untereinander im Wege des Finanzausgleichs.

V. Aufarbeitung

Nach Beendigung des unmittelbaren Krisenereignisses, aber noch während der Bekämpfung der langfristigen Krisenfolgen setzt eine Phase der Reflexion und der Aufarbeitung ein. Deren Ergebnisse lösen idealerweise einen Lernprozess aus, der wiederum die Vorbereitung auf die nächste Krise informiert.[76] Die Evaluation sollte den Blick nicht nur auf den (Miss-)Erfolg bei Vermeidung, Verringerung oder Bekämpfung der Krise – also auf Effizienz und Effektivität der Krisenbekämpfung – richten, sondern auch die erwartet oder unerwartet eingetretenen (Neben-)Folgen der Krisenbekämpfung benennen und in ein Verhältnis zu den Krisenfolgen setzen.[77]

---

[74] Zu der sich im Laufe der Corona-Krise verändernden Kontrolldichte der Gerichte: *Klafki*, JöR 2021, 583 (592 ff.).
[75] *Wolf* (o. Fn. 30), S. 404 f.
[76] Die Begleitforschung zu Wirksamkeit und Nebenfolgen der Maßnahmen während der Corona-Pandemie scheint allerdings bislang zu wünschen übrig zu lassen, vgl. Bericht des Sachverständigenausschusses nach § 5 Abs. 9 IfSG, Evaluation der Rechtsgrundlagen und Maßnahmen der Pandemiepolitik, 2022, S. 26 ff., abzurufen auf www.bundesgesundheitsministerium.de.
[77] So haben die Schulschließungen während der Corona-Pandemie sicher zur Verringerung der Infektionszahlen beigetragen. Sie hatten allerdings auch erhebliche negative Auswirkungen auf die Leistungsentwicklung betroffener Schüler. So wurde etwa das Aktionsprogramm des Bundes „Aufholen nach Corona für Kinder und Jugendliche für die Jahre 2021 und 2022" (2 Mrd. Euro) damit begründet, dass pandemiebedingte Schulschließungen bei bis zu einem Viertel der Schülerinnen und Schüler zu deutlichen Lernrückständen geführt haben; siehe die Ankündigung in dem „factsheet", auf der www.bmfsfj.de. Auch die psychische Gesundheit der Schüler wurde beeinträchtigt (Felfe/Saurer/Schneider et al., The youth mental health crisis: Quasi-

Reflexion- und Aufarbeitung finden in einer Vielzahl von Foren statt. In erster Linie begleiten die Medien und damit „die Öffentlichkeit" die Krisenbekämpfung durchweg. Staatliches Handeln wird des Weiteren gerichtlicher Kontrolle unterzogen, die allerdings in der unmittelbaren Krisensituation typischerweise höchstens in Form des einstweiligen Rechtsschutzes stattfinden kann.[78] War die Krise schwer genug, erfolgt auch eine gegebenenfalls von Expertenkommissionen[79] vorbereitete politische Aufarbeitung in parlamentarischen Gremien (zB in Untersuchungsausschüssen[80]).

In dieser abschließenden Phase sollen indes nicht nur Lerneffekte für die nächste Krise erzielt werden, sondern sie dient auch Zuweisung und Realisierung gesellschaftlicher, politischer und rechtlicher Verantwortung für die in der Krisenbekämpfung (oder bei deren Vorbereitung nicht) getroffenen Entscheidungen.

VI. Gleichzeitigkeit

Die dargelegten Phasen verlaufen in Bezug auf je unterschiedliche Krisen – bisweilen auch phasenverschoben – nebeneinander: Noch während der Diskussion über mögliche Folgen der einen Krise (Corona oder auch Flut im Ahrtal) kann schon die nächste Krise ausgelöst werden (Energiekrise durch den Überfall Russlands auf die Ukraine). Hierfür hat sich der – neuerdings zur Begründung einer Ausnahme von dem Verbot der Nettoneuverschuldung (vgl. Art. 109 Abs. 3 GG) genutzte[81] – Begriff der „Polykrise" eingebürgert.[82] Die

---

experimental evidence on the role of school closures, Science Advances, 9/33 (18. August 2023), abrufbar auf der Internetseite von Science Advances.); insbesondere, wenn diese nicht über einen stabilen familiären Hintergrund verfügten. Dies alles berührte die Schüler in ihrem Grundrecht auf schulische Bildung, BVerfGE 159, 355 (380ff.).

[78] Zu dem phasenabhängigen Umgang der Gerichte mit den massiven Grundrechtseingriffen während der Coronakrise etwa *Gärditz*, NJW 2021, 2761; *Klafki*, JöR 2021, 583 (592ff.); *Lepsius*, JöR 2021, 705; *ders.*, (o. Fn. 8), S. 336, Fn. 75: die Angemessenheitskontrolle wurde „materiell-rechtlich auf Leerlauf" gestellt; positiver *Kersten/Rixen* (o. Fn. 13), S. 110ff., 128ff., 153ff.

[79] ZB mit Blick auf die Corona-Pandemie den Bericht des Sachverständigenausschusses nach § 5 Abs. 9 IfSG (o. Fn. 76), S. 72ff.

[80] Siehe zB die verschiedenen Anträge auf Einsetzung eines Untersuchungsausschusses in: LT-Drs. NRW 18/56, S. 1ff.; LT-Drs. RLP 18/1068 S. 1ff.; LT-Drs. BB 7/1991; s. a. Beschlussempfehlung und Bericht des Untersuchungsausschusses zur Untersuchung der Corona-Krisenpolitik, LT-Drs. BB 7/8552.

[81] So Bundeswirtschaftsminister *Habeck* nach „Kontroversen verschoben", F.A.Z. 25.11.2023, S. 4.

[82] Wohl erstmals bei *Morin/Kern*, Homeland Earth, 1999, S. 74; im Zusammenhang mit der Griechenlandkrise von *Juncker* aufgegriffen (*Juncker*, Speech by President Jean-Claude Juncker at the Annual General Meeting of the Hellenic Federation of Enterprises, 21.6.2016, https://ec.europa.eu/commission/presscorner/detail/en/SPEE

Vergegenwärtigung dieser Krisen durch eine andauernde Krisenrhetorik mit einer selbstverständlichen, inflationären Anwendung des Begriffs auf alle möglichen Sachverhalte kann aber auch die abstumpfende Gewöhnung an eine permanente Krisenstimmung zur Folge haben.[83]

Oftmals lösen Krisen auch einander aus oder verstärken sich wechselseitig. So wird ein Kausalzusammenhang zwischen der durch den Klimawandel ausgelösten Er- oder Überhitzung afrikanischer Regionen und Flüchtlingskrisen durch ungeordnete Migration[84] ebenso diskutiert wie ein Zusammenhang zwischen der Banken- und der Eurokrise.[85] Die durch Überalterung der Bevölkerung angelegte demographische Krise kann irgendwann eine Krise durch die Überlastung des Gesundheitssystems auslösen.

VII. Defizite

In keiner Krise werden ausschließlich richtige Entscheidungen getroffen. Nie werden alle von der Krise berührten Menschen mit allen staatlichen Maßnahmen der Krisenbekämpfung zufrieden sein. Doch so heterogen, wie die hier zu behandelnden Krisen sind, so unterschiedlich sind auch die Defizite, die im Nachhinein im Hinblick auf die Vorbereitung und den Umgang mit ihnen sowie mit Blick auf ihre Bewältigung – immer wieder – festgestellt werden.[86] Auch wenn die Fehler und Versäumnisse „krisenspezifisch" geprägt sind (eine Bankenkrise wird nicht durch fehlenden Impfstoff abgemildert), lassen sie sich doch kategorisieren und strukturieren.

Basis aller Krisenbekämpfung ist deren Planung. Da während der akuten Krisenphase schnell reagiert werden muss und es dann oft zu spät sein dürfte, sich grundlegende Gedanken über Ressourcenbeschaffung, Zuständigkeiten, Maßnahmen und Abläufe zu machen, können *Planungsdefizite* fatale Folgen haben. Für die Planung ist

---

CH_16_2293) und von *Tooze* in der FT vom 28.10.2022 („Welcome to the world of the polycrisis") wiederbelebt.

[83] *Lepsius* (o. Fn. 8), S. 317.

[84] *Preuß*, Wie soll Europa erst mit 200 Millionen Klimaflüchtlingen aus Afrika umgehen? Welt.de, 15.10.2017; *Myers*, Population and Environment 1997, 167ff.

[85] *Illing*, Die Euro-Krise, 2013, S. 41ff.

[86] In vielerlei Hinsicht kein gutes Zeugnis stellen etwa aus: Bericht des Sachverständigenausschusses nach § 5 Abs. 9 IfSG (o. Fn. 76); *Kirschstein*, Flutkatastrophe Ahrtal, 2023. S. a. die Berichte zur Krisenaufarbeitung etwa *BT Wissenschaftlicher Dienst*, Verlauf der Finanzkrise, Entstehungsgründe, Verlauf und Gegenmaßnahmen, WD 4-3000-075/09; *BT Wissenschaftlicher Dienst*, Regulierung nach der Finanzkrise, WD 4-3000-154/18; Protokoll Ausschuss für Inneres und Heimat über die Anhörung zum TOP „Ein Jahr nach der Flutkatastrophe – Ausblick auf die Zukunft des Bevölkerungsschutzes, 4.7.2022, Protokoll-Nr. 20/12.

jeder Aufgabenträger in seinem Zuständigkeitsbereich verantwortlich, da Planung eine notwendige Vorstufe für die effektive und effiziente Erledigung der übertragenen Aufgaben ist. Da die Krisenbekämpfung häufig das Zusammenwirken verschiedener Aufgabenträger erforderlich macht, müssen auch Kooperations- und Kommunikationsstrukturen [87] gemeinsam geplant werden. Basis aller Krisenbekämpfung sind die Katastrophenschutzpläne, die von allen beteiligten Akteuren erlassen und aufeinander abgestimmt werden.[88] Zudem gibt es in spezifischen Bereichen der Krisenbekämpfung besondere, ebenfalls häufig kooperativ abgestimmte Pläne. Zu nennen wäre etwa der Deutsche Aufbau- und Resilienzplan[89] (DARP) aus den Jahren 2022/2023 oder der erstmals im Jahr 2005 veröffentlichte und danach mehrfach angepasste Nationale Pandemieplan (NPP).[90] Betrachtet man die unüberschaubare Vielzahl und inhaltliche Breite an Konzepten, Plänen und Strategien für die Krisenbekämpfung, die von der kommunalen Ebene bis hin zur Ebene des Bundes erstellt worden sind, dürfte ein Mangel an Planung die Krisenbekämpfung in Deutschland wohl kaum beeinträchtigen.

Aber auch die beste Planung von Maßnahmen zur Krisenbekämpfung ist wenig wert, wenn Abläufe innerhalb eines Verwaltungsträgers oder bei der Kooperation verschiedener Verwaltungsträger nicht eingeübt worden sind; mithin, wenn *Ausbildungs-* und *Übungsdefizite* zu beklagen sind. Es gilt der Grundsatz: „in der Krise Köpfe kennen".[91] Dies dürfte weniger bei den ständig mit der Krisenbekämpfung befassten Aufgabenträgern (Feuerwehren, THW) ein Problem sein, da diese sich entweder kennen oder aber doch zumindest dieselbe Sprache sprechen. Aber auch für Feuerwehrleute – zumal die freiwilligen – ist ein Krisenstab kein natürliches Habitat. Wenn dann noch mit ansonsten ganz anderen Verwaltungsaufgaben befasste Amtsträger – etwa der Landrat als oberster Katastrophenschützer – aus dem Stand in Krisenstäbe abkommandiert, mit strategischen Aufgaben betraut werden und dann entsprechende Entscheidungen treffen sollen, liegt die Notwendigkeit der vorherigen Ausbildung und Übung auf der Hand.[92]

Krisenbekämpfung kann durch *Allokationsdefizite* erschwert oder unmöglich gemacht werden: Ressourcen sind zwar vorhanden, aber

---

[87] Zur Notwendigkeit einheitlich gegliederter Kommunikationsstrukturen in der Krise, *Klafki* (o. Fn. 5), S. 156 ff.
[88] *Kloepfer*, Handbuch des Katastrophenrechts, 2014, § 10 Rn. 67 ff., § 18 Rn. 5 ff.
[89] https://www.bundesfinanzministerium.de.
[90] www.rki.de; zur völkerrechtlichen, europäischen sowie zur deutschen Pandemieplanung auf den verschiedenen Ebenen *Klafki* (o. Fn. 5), S. 228 ff., 236 f., 243 ff.
[91] *BMI/BBK*, Lernen aus Krisenlagen 2023, S. 4.
[92] So berichtet *Kirschstein*, Flutkatastrophe Ahrtal, 2023, S. 178 ff., von erratisch besetzten Krisenstäben.

sie befinden sich nicht (rechtzeitig) an dem Ort, an dem sie benötigt werden. Dieser Situation kann durch mangelndes Wissen um die Existenz oder die Lokalisation der Ressource, durch mangelnde Kommunikation mit ihrem Inhaber, mangelnde Information über Verfügbarkeit und Beschaffbarkeit oder die in der akuten Krise mangelnden logistischen Fähigkeiten zur Verlegung verursacht sein. Es war eine der wesentlichen Erkenntnisse aus der Flutkatastrophe in Sachsen (2002), dass es nicht an verfügbaren Kräften, teilweise jedoch an deren koordinierter Anforderung und koordiniertem Einsatz gemangelt habe.[93] Ähnliches wurde aus dem Ahrtal berichtet.[94]

Den Allokationsdefiziten können *Ausstattungsdefizite* vorgelagert sein: Benötigte Ressourcen fehlen und sind auch nicht zeitnah zu beschaffen. Dies kann mehrere Ursachen haben: Die Krise mag als so unvorhersehbar erscheinen, dass auch die Notwendigkeit einer bestimmten Ressource zu ihrer Bekämpfung nicht absehbar war. Oder der Aufgabenträger hat einfach darauf gehofft, dass eine bestimmte Krise nicht eintreten und daher die Nutzung der Ressource zu ihrer Abwehr nicht erforderlich sein wird. Deren Nichtanschaffung kann aber auch eine bewusste Vermeidung von Redundanz oder der Verschwendung öffentlicher Mittel sein – in der Hoffnung, dass man die Ressource im Notfall schnell von einer anderen Stelle wird beschaffen können, man nun aber feststellen muss, dass Lieferketten zusammenbrechen oder bestimmte Produkte nicht mehr in Europa, geschweige denn in Deutschland hergestellt werden. Entsprechend ist benötigtes Personal entweder nicht vorhanden oder nicht auf die Aufgabenerfüllung vorbereitet.

In beiden Fällen tragen *Informationsdefizite* zu den Schwierigkeiten bei der Krisenbekämpfung bei: Diese können zum einen die Wahrscheinlichkeit eines Kriseneintritts sowie die Art der Krise betreffen und damit die Beurteilung der Notwendigkeit einer bestimmten Ressource erschweren. Ein Mangel an Informationen kann zum andern auch den Zugriff auf eine bei einem anderen Aufgabeträger vorhandene Ressource erschweren oder unmöglich machen. Die Koordination dezentral vorhandenen Wissens (Ortskenntnisse, Wissen um Ressourcen, sonstige Fachkenntnisse) ist eine wichtige Voraussetzung erfolgreicher Krisenbekämpfung.

Auch *Kommunikationsdefizite* gefährden Effizienz und Effektivität von Krisenbekämpfung. Diese Defizite können zum einen bei

---

[93] Bericht der Unabhängigen Kommission der Sächsischen Staatsregierung Flutkatastrophe 2002, 2002, S. 202, 204 und öfter; BVerfGE 126, 122 (147) verweist auf diese Gefahr, um die Eingliederung eines Privaten in die Trägerschaft des öffentlichen Rettungsdienstes zu rechtfertigen.
[94] So der Sachverständige *Broemme*, BT Ausschuss für Inneres und Heimat, Sitzung am 4.7.2022, Protokoll-Nr. 20/12, S. 30.

der externen Kommunikation bestehen. Hinter jedem erfolgreichen Krisenmanagement steht eine erfolgreiche, transparente Risikokommunikation, die nicht nur warnt, sondern auch konkrete, gut verständliche und umsetzbare Handlungshinweise gibt.[95] Dies gilt sowohl für die Vorbereitungsphase, in der Resilienz hergestellt werden soll, als auch in der Phase der akuten Krisenbekämpfung.[96]

Kommunikationsdefizite können aber auch zwischen Verwaltungsträgern, zwischen Behörden eines Verwaltungsträgers oder sogar innerhalb einer Behörde auftreten, wenn verschiedene aufgrund originärer Zuständigkeit oder im Wege der Amtshilfe beteiligte Aufgabenträger ihre Maßnahmen nicht miteinander abstimmen. Ein Grund für die Entstehung dieser Defizite kann auch technischer Natur sein, wenn Kommunikationsmittel nicht (mehr) nutzbar sind oder die Beteiligten unterschiedliche Standards verwenden. Bei solchen Kommunikationsdefiziten macht sich die allenthalben beklagte Verzögerung der Digitalisierung in Deutschland[97] besonders bemerkbar.

Während sich viele der bislang genannten Defizite im Rahmen der bestehenden Zuständigkeitsordnung bei gutem Willen und entsprechendem Ressourceneinsatz beheben lassen, weist grundsätzliche Kritik auf die Erschwerung der Krisenbekämpfung durch *Organisationsdefizite* hin, wenn zuständige Stellen mit der Krisenbewältigung „überfordert" sind. Eine solche Überforderung kann bereits im Vorfeld der Krise dadurch angelegt sein, dass die erforderlichen Ressourcen nicht beschafft werden (können); dadurch, dass das erforderliche Personal nicht vorhanden ist; dadurch, dass die Krisenbekämpfung nicht eingeübt wurde usw. Hier wird dann schnell der Ruf nach einer Zuständigkeitsverlagerung auf die nächsthöhere staatliche Ebene laut, der entweder *ad hoc* oder dauerhaft Koordinierungs-, Leitungs- oder sogar operative Befugnisse zugewiesen werden sollen.

VIII. Veränderungen während der Krise

Trifft die Krisenbekämpfung auf rechtliche oder tatsächliche Schwierigkeiten, führt dies häufig dazu, dass die mit ihr befassten

---

[95] Bericht des Sachverständigenausschusses nach § 5 Abs. 9 IfSG (o. Fn. 76), S. 49 ff.
[96] S. *Kloepfer* (o. Fn. 6), § 8 Rn. 13 ff., § 10 Rn. 97 ff.
[97] Vgl. etwa *EU-Kommission, Vertretung in Deutschland*, Pressemitteilung 27.9. 2023: „Deutschland sollte seine Anstrengungen im Bereich der Netzinfrastruktur, der Gigabit-Anschlüsse und insbesondere der Glasfaseranschlüsse bis zum Endverbraucher verstärken."

Akteure bestehende Abläufe so lange verändern und improvisieren, bis sie als krisenadäquat empfunden werden. In der akuten Krise bilden sich daher ganz unbeeindruckt von Legitimitätsmaßstäben oder der Vereinbarkeit mit bundesstaatlicher Kompetenz- und Verantwortungsverteilung spontane Prozesse oder Strukturen. Sie bilden sich, weil sie von den Akteuren der Krisenbekämpfung als effektiv empfunden werden. Die Krise erweist sich in dieser Hinsicht als ein Katalysator struktureller Veränderungen.[98]

Ein eher harmloses Beispiel hierfür ist das während der Coronakrise etablierte „Kleeblattkonzept", nach dem aufgrund der Koordination durch das GMLZ beim BBK schwer erkrankte Patienten bundesweit verlegt wurden, um Versorgungsengpässe zu vermeiden.[99] Seit März 2022 wird das Konzept genutzt, um Verletzte und Erkrankte aus der Ukraine nach Deutschland zur medizinischen Weiterversorgung zu transportieren.[100]

Ganz anders ist hingegen die Zusammenarbeit der Ministerpräsidentinnen und -präsidenten der Länder mit der Bundeskanzlerin während der Coronakrise zu beurteilen,[101] die in einem Sachbereich stattfand, in dem der Bund für die Gesetzgebung und die Länder für die Gesetzesanwendung „als eigene Angelegenheit" (Art. 83 GG) verantwortlich sind. In der öffentlichen Wahrnehmung hat dabei der Bund (in Person der Bundeskanzlerin) eine führende Rolle bei den Entscheidungen über die Anwendung des Gesetzes übernommen – auch wenn formal natürlich immer noch die Landesregierungen selbst über ihre Maßnahmen und v. a. ihre Rechtsverordnungen entschieden haben.

Durch den in diesem Gremium aufgebauten Kooperationsdruck wurde der Vorteil der Dezentralität, der in der Möglichkeit eines Erlasses von den örtlichen Verhältnissen angemessenen Regelungen bestand, zur Vermeidung des übel beleumundeten „Flickenteppichs"[102] leichtfertig aufgegeben. Aus diesem Blickwinkel war es nur konsequent, dass der Bund schlussendlich mit der Bundesnotbremse[103] sich selbst vollziehende Gesetze erlassen und damit die Länder

---

[98] Zur Veränderungsdynamik des Rechts in der Krise *Klafki*, JöR 2021, 583 (583).
[99] *Gräsner/Hannappel/Zill et. alt.*, Dtsch. Ärztebl. 2020, 117 (48): A 2321-3 (online).
[100] *Gräsner/Hannappel/Friemert et. alt.*, Dtsch Ärztebl. 2022, 119 (25): A 1122-6 (online).
[101] Kritisch *Kingreen*, NJW 2021, 2766 (2769 f.); *Waldhoff*, NJW 2021, 2772 (2774 f.); s. a. *Klafki* (o. Fn. 5), 2017, S. 291 ff.; *Meyer*, NVwZ 2023, 1294.
[102] *Overhoff*, Ein Wortgespenst geht um in Deutschland, FAZ vom 6.5.2020, abrufbar auf www.faz.net; s. a. zu der abwertenden Verwendung des Begriffs *Kloepfer*, VerwArch 2021, 169 (198 f.); s. a. *Klafki*, JöR 2021, 583 (601 Fn. 118).
[103] Viertes Gesetz zum Schutz der Bevölkerung bei einer epidemischen Lage von nationaler Tragweite vom 22.4.2021 (BGBl. I 802).

aus ihrer „eigenen Verantwortung" (Art. 83 GG) entlassen hat.[104] Zudem konnten sich die Ministerpräsidenten der öffentlichen sowie der parlamentarischen Kontrolle ihrer Entscheidungen durch Hinweis auf die Verabredungen mit dem Bund und den übrigen Ländern praktisch entziehen. Hier hat sich Kooperation als Treiber einer Verantwortungsdiffusion erwiesen, die die Aufarbeitung der Krisenbekämpfung dadurch erschwert, dass die politische Verantwortung für schärfste Grundrechtseingriffe an ein verfassungsrechtlich nicht vorgesehenes und als Kollektiv nicht zur Verantwortung zu ziehendes Gremium delegiert wurde.

---

[104] Zustimmend, aber ohne Problembewusstsein hins. Art. 83 GG: BVerfGE 159, 223 (286 ff.); positiv ebenfalls *Greve/Lassahn*, NVwZ 2021, 665 ff.; kritisch *Barczak*, JZ 2022, 981 (989); *Schwarz*, COVuR 2021, 258 (259 ff.).

D. Staat und Private in der Krisenabwehr

I. Krisenbekämpfung als Staatsaufgabe

Die Gewährleistung von innerer und äußerer Sicherheit ist die legitimitätsstiftende Aufgabe moderner Staatlichkeit.[105] Der Staat muss sich in der Krise beweisen und das Vertrauen seiner Bürger bestätigen. Weil der Einzelne mit der Krisenbekämpfung überfordert ist, schreibt er dem Staat die primäre Verantwortung für Krisenprävention, -vorbereitung und -bekämpfung sowie für die Folgenbeseitigung zu. Mit dieser Erwartungshaltung korrespondieren verfassungsrechtliche Handlungspflichten des Staats, der die Aufgabe der Krisenbekämpfung iwS nicht einfach umfassend an die Gesellschaft delegieren darf.[106]

Neben den Staatszielbestimmungen des Grundgesetzes (zB das Sozialstaatsprinzip, aber auch Art. 20a GG[107]), die den Staat objektiv-rechtlich[108] zum Schutz von in Lebensgefahr geratenen Menschen[109] sowie einer „solidarischen Bewältigung der Folgen"[110] einer Krise verpflichten, bindet ihn v.a. die Schutzpflichtdimension der einzelnen Freiheitsrechte[111] – insbesondere des Rechts auf Leben und körperliche Unversehrtheit,[112] dem aber auch kein absoluter Wert zukommt.[113] Andere Grundrechte (v.a. das Eigentum[114]) weisen ebenfalls eine positive Dimension auf, die den Staat in einer Krise in allen Phasen des Krisenzyklus[115] zum Handeln verpflich-

---

[105] Vgl. *Isensee* (o. Fn. 56), S. 15ff.; *Möstl*, in: Stern/Sodan/Möstl (Hrsg.), StaatsR Bd. I, § 1 Rn. 3, 8, 13, 20.; damit geht jedoch kein absoluter Vorrang der Sicherheits- vor der Freiheitsgewährleistung einher, vgl. *Di Fabio*, Risikoentscheidungen im Rechtsstaat, 1994, S. 35ff.

[106] *Gärditz*, in: Stern/Sodan/Möstl (Hrsg.), StaatsR Bd. I, 2. Aufl. 2022, § 22 Rn. 77.

[107] Zuletzt BVerfGE 157, 30 (137ff.).

[108] *Schwarz*, in: Stern/Sodan/Möstl (Hrsg.), StaatsR Bd. I, 2. Aufl. 2022, § 20 Rn. 47, 54 mwN dort Fn. 311.

[109] *Rixen*, in: Sachs, GG, 9. Aufl. 2021, Art. 2 Rn. 214.

[110] *Kloepfer* (o. Fn. 6), § 3 Rn. 67.

[111] *Dietlein*, Die Lehre von den grundrechtlichen Schutzpflichten, 2. Aufl. 2005, S. 103.

[112] Zuletzt BVerfGE 157, 30 (111ff.).

[113] *Klafki*, NJW 2023, 1340 (1341).

[114] *Becker*, in: Stern/Becker (Hrsg.), Grundrechte-Kommentar, 4. Aufl. 2023, Art. 14 Rn. 140ff.

[115] BVerfGE 157, 30 (113) verpflichtet zur Prävention sowie zur Abmilderung der Folgen des Klimawandels aufgrund der Schutzpflicht; s.a. *Isensee* (o. Fn. 56), S. 41f.; *Kloepfer* (o. Fn. 6), § 3 Rn. 69.

tet.¹¹⁶ Dieser *status positivus* aktualisiert sich unabhängig von der Krisenursache. Eine grundrechtliche Schutzpflicht besteht somit auch jenseits der Gefährdung durch andere Menschen¹¹⁷ – etwa bei Naturkatastrophen, die nicht unmittelbar durch menschliches Verhalten verursacht werden,¹¹⁸ so dass der Staat grundsätzlich auch dann Maßnahmen zur Krisenbekämpfung iwS vorzunehmen hat, wenn er die Krise gar nicht allein abwehren kann.¹¹⁹

Um den verfassungsrechtlichen Verpflichtungen zu genügen, muss die staatliche Krisenbekämpfung effektiv sein. Dabei kommt dem Staat bei der Wahl der Mittel zur effektiven Erfüllung seiner Schutzpflichten ein weiter Einschätzungsspielraum zu¹²⁰, der sich allerdings mit Zuspitzung der Krise im Übergang von der Vermeidungs- in die Bekämpfungsphase verengt. In besonderen Ausnahmefällen – bei drohender Verletzung des Untermaßverbots¹²¹ – kann die Schutzpflicht dem Betroffenen einen Anspruch auf eine bestimmte Handlung vermitteln.¹²²

Der grundrechtliche *status positivus* verpflichtet ebenso wie die Staatszielbestimmungen allein Akteure des staatlichen Funktionsbereichs. Diese haben aber trotz ihrer verfassungsrechtlichen Verpflichtungen kein freies Zugriffsrecht auf die Aufgaben der Krisenbekämpfung. Auch aus dem Umstand, dass eine Gebietskörperschaft über bestimmte, für die Krisenbekämpfung nützliche Ressourcen verfügt, folgt nicht, dass gerade diese Gebietskörperschaft für die Erfüllung derjenigen Aufgaben zuständig ist, für die diese Ressourcen benötigt werden.¹²³ Hierdurch würde ein fundamentaler, in der Verfassung (vgl. Art. 104a GG) niedergelegter Grundsatz auf den Kopf gestellt: Aufgaben werden nicht nach den vorhandenen Ressourcen, sondern Ressourcen nach den verfassungsrechtlich und gesetzlich verteilten Aufgaben zugewiesen; d.h. die Finanzierungsverantwortung folgt regelmäßig der Verwaltungskompetenz. Die bundesstaatliche Ebene, der eine Aufgabe zugewiesen ist, muss sich um eine aufgabenadäquate Ausstattung bemühen und diese auch finanzieren. Ressourcen die nicht der Erfüllung einer zugewiesenen

---

[116] *Calliess*, in: Merten/Papier (Hrsg.), HGR Bd. II, 2006, § 44 Rn. 3.
[117] BVerfGE 157, 30 (112); ebenso: *Dietlein* (o. Fn. 111), S. 103; *Robbers*, Sicherheit als Menschenrecht, 1987, S. 124.
[118] *Kloepfer* (o. Fn. 6), § 3 Rn. 58 ff. mwN.
[119] BVerfGE 157, 30 (139 ff.).
[120] BVerfGE 157, 30 (114 ff.); *Calliess*, in: Merten/Papier (Hrsg.), HGR Bd. II, 2006, § 44 Rn. 6.
[121] *Isensee* (o. Fn. 56), S. 54 f.
[122] *Kloepfer* (o. Fn. 6), § 3 Rn. 70 f.
[123] So aber wohl *Gusy*, BT Ausschuss für Inneres und Heimat, Sitzung am 12.4.2021, Anhang zu Protokoll Nr. 19/131, S. 44 ff. (49); anders (und richtig herum) noch *ders.*, GZS 2020, 101 (102).

Aufgabe dienen, darf eine Gebietskörperschaft gar nicht erst anschaffen (vgl. § 5 HGrG, § 63 BHO/LHOn).[124]

II. Private Beiträge zur Krisenabwehr

Auch wenn die Krisenbewältigung regelmäßig nicht nur einzelne staatliche Akteure, sondern auch (und erst recht) die einzelnen Bürger überfordert, sind diese nicht nur Betroffene, sondern treten auch an der Seite staatlicher Aufgabenträger bei der Krisenbekämpfung in Erscheinung.

1. Grundrechtlicher Status

Die Beteiligung Privater an der Krisenbekämpfung ist grundrechtlich von der allgemeinen Handlungsfreiheit geschützt. Soweit ihnen hingegen im Zuge der Krisenvorbereitung oder -bekämpfung ieS Pflichten zur Unterstützung staatlicher Maßnahmen oder zur Duldung der Inanspruchnahme ihrer Rechtsgüter auferlegt werden, bedarf dies als Grundrechtseingriff einer gesetzlichen Grundlage.[125]

Bei der Integration der Bürger in die Krisenbekämpfung iwS muss das Hauptaugenmerk im Vorfeld der Krise auf der Herstellung von Resilienz liegen. Die Krisenvorbereitung, die der Einzelne zumindest in bestimmten Bereichen für sich organisieren könnte, bleibt indessen häufig defizitär. Der irritierende Gedanke an den künftigen Krisenfall wird hinter den „Schleier des Nichtwissenwollens"[126] verbannt, zumal Krisen aus der Sicht des Einzelnen – wenn überhaupt – nur unregelmäßig eintreten[127]. Eine risikobewusste, handlungsfähige, resiliente Bevölkerung ist aber essenziell für einen wirksamen Bevölkerungsschutz.[128] Dieser Zustand kann nur durch eine staatliche Kommunikation erreicht werden, die die Bürger auf Krisen vorbereitet, so dass diese bei einem möglichen Schadenseintritt nicht von der Komplexität der Ereignisse überrascht werden und vielmehr durch geeignete Handlungen, Vorsorge- und Schutzmaßnahmen reagieren können. Durch „eine offensive Risiko- und Krisenkommunikation auf allen Ebenen werden

---

[124] *Wernsmann*, in: Gröpl (Hrsg.), BHO/LHOn, 2. Auflage 2019, § 63 Rn. 3 f.
[125] Zur Grundrechtsrelevanz der Maßnahmen im Katastrophenschutz bei *Kloepfer* (o. Fn. 6), § 3 Rn. 18 ff.; zu den Maßnahmen § 10 Rn. 76 ff.
[126] *Rixen*, DieVerw 2021, 319 (319).
[127] *Cooper*, Seven Dimensions of Disaster, in: Samuel/Aronsson-Storrier/Bookmiller (Hrsg.), The Cambridge Handbook of Disaster Risk Reduction and International Law, 2019, S. 17 (37).
[128] *BMI/BBK*, Lernen aus Krisenlage, 2023, S. 7, abrufbar auf www.bbk.bund.de.

Ängste gemindert sowie das Potenzial zum Selbstschutz einschließlich der Selbsthilfefähigkeit gestärkt. Vertrauensbildung in die Richtigkeit des staatlichen Handelns beginnt mit der Kommunikation mit dem Bürger".[129] Dabei ist allerdings die Balance zwischen notwendiger Aufklärung und der Gefahr einer lähmenden Verunsicherung zu wahren.

2. Hilfsorganisationen und Ehrenamt

Die Katastrophenschutzgesetze der Länder regeln (auch) eine weitergehende Rolle Privater bei der Krisenbekämpfung und binden die bekannten (privaten) Hilfsorganisationen – DRK, JUH, ASB, MHD, DLRG – und deren zumeist ehrenamtlichen Angehörigen [130] in die Krisenbewältigung iwS ein.[131] Die Anzahl ehrenamtlicher Helfer in Deutschland wird auf circa 1,7 Millionen Personen geschätzt; sie tragen 90% aller Einsätze im Bevölkerungsschutz.[132]

Die privaten Hilfsorganisationen, die wie die DGzRS beim Seenotrettungsdienst in den deutschen Gebieten der Nord- und Ostsee[133] als Beliehene,[134] aber auch als Verwaltungshelfer eingesetzt werden,[135] sind je nach Land entweder unmittelbar durch Gesetz[136] oder aufgrund eines Anerkennungsverfahrens[137] in die katastrophenschutzrechtliche Krisenbekämpfung integriert.

3. Spontanhelfer

Außerhalb gesetzlich vorgeprägter Strukturen hat sich insbesondere im Zusammenhang mit den Hochwasserereignissen der letzten Jahre ein erhebliches Engagement freiwilliger Spontanhelfer[138] entfaltet. Diese mussten indessen vor Ort organisatorisch in die Kri-

---

[129] *Schmidt*, Bevölkerungsschutz 2/2009, 2 (5f.).
[130] Vgl. *BMI*, Ohne Unterstützung kein Ehrenamt, o.J., abrufbar auf www.bmi.bund.de.
[131] *BMI*, Strategie für einen modernen Bevölkerungsschutz, 2009, S. 62 ff.; *Kloepfer* (o. Fn. 6), § 10 Rn. 128 ff.
[132] *BMI* (o. Fn. 131).
[133] § 1 Nr. 7 SeeAufgG; vgl. die Dokumentation bei *BT Wissenschaftlicher Dienst*, Nationale Leitstellen zur Koordination der Seenotrettung, WD 2–3000-007/19, S. 4ff.
[134] *Kloepfer* (o. Fn. 6), § 10 Rn. 141.
[135] *Kloepfer* (o. Fn. 6), § 10 Rn. 141; *Stober/Eisenmenger*, NVwZ 2005, 121 (125).
[136] S. Art. 7 Abs. 3 Nr. 5 BayKSG.
[137] S. § 18 Abs. 1 BHKG NRW; § 10 Abs. 2 LKatSG SH; ähnlich § 41 Abs. 1 BremHilfeG.
[138] Zu deren Einsatz im Ahrtal etwa *Betke/Hahn/Heymel* et.alt, Bevölkerungsschutz 1/22, 18 (18ff.).

senbekämpfung integriert werden,[139] weil ihre Präsenz die Krisenbekämpfung ansonsten eher behindert als unterstützt hätte.[140]

Es ist also notwendig, das Potential der Spontanhelfer durch Organisationsmaßnahmen auszuschöpfen. So könnte bei der Krisenbekämpfung eine zentrale Meldemöglichkeit durch Apps eingerichtet werden, um der örtlichen Einsatzleitung einen Überblick über die zusätzlichen personellen Ressourcen zu verschaffen und den Spontanhelfern ggfs. auch unmittelbare Einsatzhinweise zu erteilen.[141]

4. Betreiber kritischer Infrastrukturen

Den Betreibern von Anlagen ab einer bestimmten Größe sind Selbstschutzpflichten auferlegt, die die staatlichen Behörden bei der Krisenvermeidung und -bekämpfung entlasten sollen.[142] Hierzu zählt auch die Verpflichtung zur Einrichtung einer Betriebs- oder Werksfeuerwehr zum Zweck der Krisenbekämpfung ieS[143] sowie zur Ernennung verschiedener krisenrelevanter Betriebsbeauftragter, deren zentrale Aufgabe die Krisenvermeidung ist.[144]

Noch weitergehende Pflichten zur Aufrechterhaltung ihrer Funktionsfähigkeit treffen die Betreiber kritischer Infrastrukturen (vgl. § 8a BSIG). Infrastrukturen gelten „als ‚kritisch', wenn sie für die Funktionsfähigkeit moderner Gesellschaften von wichtiger Bedeutung sind und ihr Ausfall oder ihre Beeinträchtigung nachhaltige Störungen im Gesamtsystem zur Folge hat".[145] Kritische Infrastrukturen (KRITIS) dienen der Versorgung der Bevölkerung und der Unternehmen mit Energie-, IT- und Transportdienstleistungen, Trinkwasser und Ernährung; hinzu kommen Einrichtungen des Gesundheits- und des Finanzwesens sowie ein stabiles Verfassungs- und Rechtssystem.[146] Ein großflächiger und/oder länger andauernder Ausfall solcher Infrastrukturen löst daher stets eine Krise

---

[139] Vgl. www.feuerwehrverband.de/app/uploads/2020/06/DFV-Fachempfehlung_Spontanhelfer.pdf.

[140] So die in dem Zwischenbericht des Parlamentarischen Untersuchungsausschusses V („Hochwasserkatastrophe") in NRW, LT-Drs. NRW 17/16930, S. 114, wiedergegebene Aussage eines Kreisbrandmeisters, ähnlich der Bericht der Unabhängigen Kommission der Sächsischen Staatsregierung Flutkatastrophe 2002, 2002, S. 211; s. a. *Betke/Hahn/Heymel* et.alt, Bevölkerungsschutz 1/22, 18 (21 f.).

[141] S. a. hierzu das Projekt „Koordiniertes Einsetzen von Spontanhelferinnen und Spontanhelfern in speziellen Einsatzlagen (KESSEL)"; https://aiddevs.com/kessel.

[142] ZB § 8 LuftSiG für die Betreiber eines Flugplatzes oder § 7 Abs. 2 Nr. 5 AtomG für die Betreiber einer Nuklearanlage.

[143] ZB § 30 Abs. 2 BbgBKG; § 16 Abs. 3 NBrandSchG.

[144] ZB § 58a Abs. 1 BImSchG, § 70 StrlSchG.

[145] *BMI*, Nationale Strategie zum Schutz Kritischer Infrastrukturen (KRITIS-Strategie), 2009, S. 5.

[146] *BMI* (o. Fn. 145), S. 3, 5.

aus, so dass die Gewährleistung ihres Schutzes gegen Naturereignisse, technisches oder menschliches Versagen sowie Terrorismus, Kriminalität und Krieg[147] durch Prävention und Reaktion[148] eine Kernaufgabe staatlicher, aber auch unternehmerischer Sicherheitsvorsorge ist.[149]

Hier klingt bereits an, dass (auch) die Betreiber einer solchen Infrastruktur für deren Schutz in Verantwortung genommen werden müssen. Die Schutzgewähr ist daher keine rein staatliche, sondern vielmehr eine kooperativ von Staat, Gesellschaft und Wirtschaft wahrzunehmende „gesamtgesellschaftliche Aufgabe".[150] Aufgrund der – inzwischen – weitgehend privaten (privatisierten) Eigentümerstruktur vieler solcher Einrichtungen liegt die Verantwortung für ihre Sicherheit, Zuverlässigkeit und Verfügbarkeit primär in privater Hand, während den Staat vorrangig eine Gewährleistungsverantwortung bzw. im Fall einer Krise gegebenenfalls auch eine Erbringungsverantwortung trifft.[151]

III. Krisenbekämpfung als „Verbundprodukt" von Staat und Gesellschaft

In allen Phasen vor, während und nach einer Krise ruht die Handlungsverantwortung selten auf einem einzelnen Akteur. Vielmehr ist der Umgang mit Krisen durch eine arbeitsteilige Kooperation verschiedener staatlichen Ebenen (unter Einbeziehung der kommunalen Selbstverwaltungskörperschaften) sowie organisierter und nichtorganisierter einzelner Grundrechtsträger gekennzeichnet. Für die Katastrophe ist die Notwendigkeit zur Kooperation bei ihrer Bekämpfung sogar Definitionsmerkmal.[152]

Auch wenn sich die Erwartungen bei der Krisenbekämpfung auf den Staat konzentrieren, ist dieser doch in vielfacher Hinsicht auf private und ehrenamtliche Handlungsbeiträge ebenso wie auf die im Vorfeld der Krise herzustellende Resilienz[153] der Betroffenen angewiesen. Krisenbekämpfung ist damit zwar staatliche Verpflichtung, sie gelingt aber nur als „Verbundprodukt" staatlicher und gesellschaftlicher Handlungsbeiträge.

---

[147] *BMI* (o. Fn. 145), S. 7.
[148] *BMI* (o. Fn. 145), S. 10 f.
[149] *BMI* (o. Fn. 145), S. 2; s. a. *John-Koch*, Kritische Infrastrukturen, in: Karutz/Geier/Mitschke (Hrsg.), Bevölkerungsschutz (2017), S. 185 ff.
[150] *BMI* (o. Fn. 145), S. 2 f.
[151] *BMI* (o. Fn. 145), S. 2.
[152] S. o. Fn. 38.
[153] Aus der Praxis *Wagner*, Bevölkerungsschutz 1/2020, 8 ff.

E. Organisatorische Rahmenbedingungen staatlicher Krisenbekämpfung

Der (rechts-)staatliche Umgang mit Krisen erfolgt regelbasiert.[154] Diese Regeln bedürfen der Anwendung im Einzelfall, so dass Effizienz und Effektivität der Krisenbekämpfung ganz zentral durch die Verteilung der Gesetzgebungs- und Verwaltungskompetenzen determiniert werden.

I. Gesetzgebungskompetenzen und Gesetze

1. Regelungsschichten

Die die Krisenbekämpfung betreffenden Gesetzgebungsbefugnisse sind entweder anhand der Ursache einer Krise (Krieg (Art. 73 Abs. 1 Nr. 1 GG; Naturkatastrophen (Art. 70 GG)) oder nach dem Lebensbereich, in dem sich eine Krise entfaltet (zB Stromausfall (Art. 74 Abs. 1 Nr. 11 GG), nuklearer Unfall (Art. 73 Abs. 1 Nr. 14 GG), Flugzeugabsturz (Art. 73 Abs. 1 Nr. 6 GG)), zu differenzieren.

2. Gesetzgebungsbefugnisse der Länder

Die Gefahrenabwehr im Allgemeinen gehört zum Kernbereich der Landesgesetzgebungskompetenzen.[155] Sie umfasst grundsätzlich auch den Erlass von Regelungen zum Umgang mit neuartigen Gefahren wie etwa Cyberangriffen.[156] Da der allgemeine Katastrophenschutz in den Kompetenzkatalogen[157] der Art. 73 f. GG nicht ausdrücklich erwähnt ist, obliegt seine Regelung den Län-

---

[154] Zur Rechtsstaatlichkeit im Angesicht von Katastrophen *Klafki* (o. Fn. 5), S. 138 ff.

[155] *Uhle*, in: Dürig/Herzog/Scholz, GG, Stand Oktober 2008, Art. 70 Rn. 111.

[156] *Hofmann* (o. Fn. 2), S. 254; *Gruber/Brodowski/Freiling*, GSZ 2022, 171 (173); *Graulich*, in: Lisken/Denninger (Hrsg.), Handbuch des Polizeirechts, 7. Aufl. 2021, Rn. 15, geht hingegen davon aus, dass die Gefahrenabwehr im Cyber-Raum die traditionellen Zuständigkeitsstrukturen übersteigt.

[157] Wohl aber wird die (Natur-)Katastrophe an anderen Stellen der Verfassung erwähnt; so etwa als Grund für die Einschränkung von Grundrechten (vgl. Art. 11 Abs. 2 GG; dort auch ein Bezug zur Seuchengefahr), als Auslöser für die Gewährung von bzw. Forderung nach Amtshilfe (vgl. Art. 35 Abs. 2 Satz 2 und Abs. 3 Satz 1 GG) und für Finanzhilfen des Bundes an die Länder (Art. 104b Abs. 1 Satz 2 GG) sowie als Grund für die Aussetzung des Verbots der Neuverschuldung (vgl. Art. 109 Abs. 3 Satz 2, 115 Abs. 2 Satz 6 GG).

dern. Diese haben dementsprechend Gesetze zur Katastrophenvorsorge und -bekämpfung erlassen,[158] die teilweise auch Regelungen zu Brandschutz und zu dem öffentlichen Rettungsdienst enthalten.[159]

Für die Anwendbarkeit dieser Gesetze ist die Ursache der Katastrophe irrelevant. Sie kann also auch aus einem Bereich herrühren, der im Übrigen vom Bundesgesetzgeber geregelt ist, wenn dieser – wie meist – seine Gesetzgebungskompetenz nicht zum Erlass von Regeln für die Bekämpfung von Krisen, die diesem Lebensbereich entstammen, genutzt hat.

3. Gesetzgebungsbefugnisse des Bundes

Der Bund kann aufgrund seiner ausschließlichen und konkurrierenden Gesetzgebungskompetenzen Regelungen zur Abwehr von oder zur Vorbereitung auf Krisen in besonderen Rechts- und Lebensbereichen erlassen.[160]

a) Zivilschutz (Art. 73 Abs. 1 Nr. 1 Alt. 2 GG)

aa) Schutz der Zivilbevölkerung

Ein wichtiger Anknüpfungspunkt für den Erlass von Regeln zur Krisenbekämpfung ist Art. 73 Abs. 1 Nr. 1 Alt. 2 GG. Aus dem Normzusammenhang wird deutlich, dass der hier dem Bund überantwortete Schutz der Zivilbevölkerung in einem engen Zusammenhang mit der dort ebenfalls geregelten *„Verteidigung"* steht.[161] Krisen im Sinne des Zivilschutzrechts werden daher durch kriegerische Handlungen verursacht.

Trotz der verfassungsrechtlich klar scheinenden Dichotomie gerät der Bundesgesetzgeber mit dem zentralen auf dieser Grundlage erlassenen Zivilschutz- und Katastrophenhilfegesetz (ZSKG)[162] durch die Integration der Katastrophen*hilfe* in eine prekäre Nähe zu der Domäne der Länder.

---

[158] *Kloepfer* (o. Fn. 6), § 2 Rn. 23.
[159] So zB Bremen und Sachsen; zB Hessen und NRW haben nur das Brand- und Katastrophenschutzrecht zusammengefasst.
[160] Überblick bei *Schmidt*, Strukturen des Katastrophenrechts in Deutschland, in: Kloepfer/Meßerschmidt, Anmerkungen zum Katastrophenrecht (o.J.), S. 94 ff., Anhang 1.
[161] Zivilschutz als „Unterfall" der Verteidigung: *Meyer-Teschendorf*, in: Pitschas/Uhle (Hrsg.), FS Scholz, 2007, S. 799 ff.; *ders.*, DVBl. 2009, 1221 (1221); *Thiele*, in: Gusy/Kugelmann/Würtenberger (Hrsg.), Rechtshandbuch Zivile Sicherheit, S. 539 (547 f.); offengelassen: *Uhle*, in: Dürig/Herzog/Scholz, GG, Stand April 2010, Art. 73 Rn. 51.
[162] Gesetz über den Zivilschutz und die Katastrophenhilfe des Bundes vom 25.3.1997 (BGBl. I 726).

bb) Sicherstellungs- und Vorsorgegesetze

Ein wichtiger Baustein der Krisenbekämpfung auf der Ebene des Bundes sind die sog. Sicherstellungs- und Vorsorgegesetze.[163] Diese sollten zunächst vor dem Hintergrund des Kalten Krieges und des Ölpreisschocks der Sicherung einer Grundversorgung der Bevölkerung im Krisenfall dienen. Eine ganze Reihe dieser Gesetze ist ausschließlich im Verteidigungsfall anwendbar. Hierzu gehören das auf Art. 73 Abs. 1 Nr. 1 GG, Art. 74 Abs. 1 Nr. 11 GG sowie auf Art. 73 Abs. 1 Nr. 4 GG (Währungs- und Geldwesen) gestützte[164] Wirtschaftssicherstellungsgesetz[165] (§ 1 WiSG) ebenso wie das Wassersicherstellungs-[166] und das Arbeitssicherstellungsgesetz.[167] Das Verkehrssicherstellungsgesetz[168] ist auf diffuser Grundlage erlassen.[169] Das Energiesicherungsgesetz[170] ist hingegen nicht an die Voraussetzungen des Art. 80a GG gebunden. Auch die Pflichten aus dem Erdölbevorratungsgesetz[171] aktualisieren sich nicht erst im Fall eines Notstands, sondern sollen dessen Eintritt vorbeugen.

Ebenfalls in Krisen aller Art gilt das Ernährungssicherstellungs- und -vorsorgegesetz,[172] das daher nicht nur auf Art. 73 Abs. 1 Nr. 1 GG, sondern auch auf Art. 74 Abs. 1 Nr. 17 GG (Sicherung der Ernährung) gestützt werden musste.[173] Auch das Verkehrsleistungsgesetz[174] dient der Sicherung ausreichender Verkehrsleistungen in allen Krisensituationen, so dass eine Bezugnahme auf Gesetzgebungskompetenzen jenseits von Art. 73 Abs. 1 Nr. 1 GG erforderlich war.[175] Maßnahmen zur Sicherung einer Mindestversorgung mit Postdienstleistungen nach dem auf der Grundlage von Art. 73 Abs. 1 Nr. 7 GG erlassenen[176] Postsicherstellungsgesetz[177] können ebenfalls bei Krisen aller Art angewendet werden.

---

[163] *Klafki* (o. Fn. 5), S. 268 ff.
[164] Gesetzentwurf der Bundesregierung, BT-Drs. IV/892, S. 8.
[165] Gesetz vom 24.8.1965 (BGBl. I 920).
[166] Gesetz vom 24.8.1965 (BGBl. I 1225, ber. S. 1817).
[167] Gesetz vom 9.7.1968 (BGBl. I 787).
[168] Gesetz vom 8.10.1968 (BGBl. I 1082).
[169] So der Hinweis auf Art. 73 Nr. 1 *und* Artikel 74 (die Nummer bleibt offen) GG in dem Bericht des Ausschusses für Verkehr, Post- und Fernmeldewesen, BT-Drs. IV/3482, S. 2.
[170] Gesetz vom 20.12.1974 (BGBl. I 3681).
[171] Gesetz vom 16.1.2012 (BGBl. I 74).
[172] Gesetz vom 4.4.2017 (BGBl. I 772).
[173] Gesetzentwurf der Bundesregierung, BR-Drs. 781/16, S. 14.
[174] Gesetz vom 23.7.2004 (BGBl. I 1865).
[175] Gesetzentwurf der Bundesregierung, BT-Drs. 15/2769, S. 9: Art. 74 Abs. 1 Nr. 1, 11, 21, 22 und 23 GG.
[176] Gesetzentwurf der Bundesregierung, BT-Drs. 490/10, S. 17.
[177] Gesetz vom 24.3.2011 (BGBl. I 506), ber. S. 941.

Die Breite der auf die Wirtschaft bezogenen Sachgesetzgebungskompetenzen – insbesondere in Art. 74 Abs. 1 Nr. 11, 12 GG – sollten es ermöglichen, den Anwendungsbereich dieser Gesetze insgesamt auf Krisen aller Art auszudehnen, ohne dabei die spezifischen Bedürfnisse des Verteidigungsfalls in allen Einzelheiten auch auf jene andere Krisen zu übertragen. Aber ein Gleichlauf der Regelungen erscheint sinnvoll, weil sich die Auswirkungen eines Ausfalls der mit ihnen erfassten wesentlichen Dienstleistungen und Infrastrukturen im Verteidigungsfall nicht prinzipiell von den Auswirkungen in anderen Krisen unterscheiden.

b) Schutz kritischer Infrastrukturen

Bisher weist das nationale KRITIS-Recht einen fragmentarischen Charakter auf.[178] Zur Umsetzung der europäischen CER-Richtlinie,[179] die eine umfassende Verpflichtung der Mitgliedsstaaten zur Verbesserung der Resilienz kritischer Infrastrukturen sowie ihrer Fähigkeit zur Erbringung von Diensten im Binnenmarkt anordnet, sowie angesichts der im aktuellen Koalitionsvertrag vorgesehenen Bestrebung, in einem „KRITIS-Dachgesetz" den physischen Schutz kritischer Infrastrukturen zu bündeln,[180] hat das BMI auf Grundlage von Art. 74 Abs. 1 Nr. 11 GG einen entsprechenden Referentenentwurf vorgelegt.[181] Um den Schutz der KRITIS zu gewährleisten, identifiziert § 4 KRITIS-DachG-RefE zunächst die Anlagen, die beim BBK zu registrieren sind (§ 8 Abs. 1 KRITIS-DachG-RefE). Deren Betreiber werden dann zur Erarbeitung und Umsetzung von Resilienzplänen verpflichtet (§ 11 Abs. 6 KRITIS-DachG-RefE).

c) Weitere Gesetzgebungskompetenzen und die auf ihrer Grundlage erlassenen Gesetze

Es gibt eine ganze Reihe weiterer, hier nicht erschöpfend darzustellender Kompetenztitel in Art. 73f. GG, die eine gesetzgeberische Befassung des Bundes mit Krisen und ihren Folgen als Annex zu der eigentlichen Sachmaterie ermöglichen. Besondere Prominenz hat dabei die Gesetzgebungskompetenz aus Art. 74 Abs. 1 Nr. 19 GG

---

[178] So *Eisenmenger*, NVwZ 2023, 1203 (1204).
[179] Richtlinie (EU) 2022/2557 des Europäischen Parlaments und des Rates über die Resilienz kritischer Einrichtungen und zur Aufhebung der Richtlinie 2008/114/EG des Rates (ABl. L 333 vom 27.12.2022, S. 164; CER-Richtlinie).
[180] Koalitionsvertrag vom 7.12.2021, S. 83 (https://www.spd.de/koalitionsvertrag 2021).
[181] Referentenentwurf des BMI eines Gesetzes zur Umsetzung der CER-Richtlinie und zur Stärkung der Resilienz kritischer Anlagen (KRITIS-Dachgesetz), 25.7.2023; zur Gesetzgebungskompetenz: ebd. S. 23.

erhalten, auf deren Grundlage das IfSG erlassen (und in den letzten Jahren mehrfach angepasst[182]) worden ist.

So erlauben v. a. auf die Wirtschaft bezogene Gesetzgebungsbefugnisse auch Regelungen für den Umgang mit in diesen Bereichen entstehenden Krisen (zB Art. 73 Abs. 1 Nr. 6 und 6a;[183] Art. 74 Abs. 1 Nr. 11 GG), so dass etwa dem EnWG Regeln zur Gewährleistung der Versorgungssicherheit eingefügt werden konnten.[184] Auf der Grundlage von Art. 73 Abs. 1 Nr. 14 GG hat der Bundesgesetzgeber die Vermeidung von Katastrophen und damit der aus ihnen resultierenden Krisen zum zentralen Anliegen des Atomrechts erklärt (vgl. § 1 Nr. 2 und 3 AtG).

Mit der auf Art. 74 Abs. 1 Nr. 7 GG gegründeten Befugnis, die „öffentliche Fürsorge" zu regeln, ist die Beseitigung von Krisenfolgen mit den Mitteln des Sozialrechts angesprochen. Im Gesundheitswesen ist die konkurrierende Gesetzgebungkompetenz des Bundes nach Art. 74 Abs. 1 Nr. 19a GG auf Regelungen zur wirtschaftlichen Sicherung der Krankenhäuser und auf die Regelung der Krankenhauspflegesätze beschränkt, so dass insbesondere der in Krisen wie einer Pandemie besonders geforderte öffentliche Gesundheitsdienst von den Ländern geregelt wird.

II. Verwaltungskompetenzen und Verwaltungsorganisation

Klare Zuständigkeiten sind im Rechtsstaat stets, aber ganz besonders bei der akuten Krisenbekämpfung – und gerade während der anfänglichen „Chaosphase"[185] – von besonderer Bedeutung. Unklarheiten oder Mehrdeutigkeiten in der Verantwortungszuweisung führen zwingend zu Verzögerungen in der Krisenbekämpfung, zu

---

[182] Gesetz zum Schutz der Bevölkerung bei einer epidemischen Lage von nationaler Tragweite vom 27.3.2020, BGBl. I 587; Zweites Gesetz zum Schutz der Bevölkerung bei einer epidemischen Lage von nationaler Tragweite vom 19.5.2020, BGBl. I 1018; Drittes Gesetz zum Schutz der Bevölkerung bei einer epidemischen Lage von nationaler Tragweite vom 18.11.2020, BGBl. I 2397; Viertes Gesetz zum Schutz der Bevölkerung bei einer epidemischen Lage von nationaler Tragweite vom 22. April 2021, BGBl. I 802.

[183] Nr. 6 umfasst das Recht der Abwehr von Gefahren für und durch den Luftverkehr, *Uhle*, in: Dürig/Herzog/Scholz, GG, Stand April 2010, Art. 73 Rn. 137. Auch die Bekämpfung von Gefahren für andere Rechtsgüter mit den entsprechenden besonderen Infrastruktureinrichtungen ist unter die jeweiligen Kompetenztitel zu subsumieren.

[184] Gesetz vom 26.4.2022, BGBl. I 674.

[185] Begriff verwendet in der Stellungnahme des THW für den Ausschuss für Inneres und Heimat des Deutschen Bundestages, Ausschussdrucksache 20(4)80 E, S. 3.

Verantwortungsdiffusion oder gar zur Lähmung durch das wechselseitige Zuschieben von Verantwortung, das von der Angst getrieben ist, später ja keinen Fehler verantworten zu müssen.[186] Unklare Verantwortungszuweisungen beeinträchtigen auch die effektive Aufgabenwahrnehmung in der der Krisenbekämpfung ieS vorgelagerten Vorbereitungs- und Vermeidungsphase.

1. Länder

Den Ländern obliegt die Ausführung ihrer Gesetze nach Art. 30 GG. Dementsprechend sind sie auch für die Ausführung ihres Katastrophenrechts verantwortlich. Sie erfüllen diese Aufgabe je nach Größe in einer zwei- oder dreistufigen Organisationsstruktur, in der den Kreisen und kreisfreien Städten die Aufgabe der unteren Katastrophenschutzbehörde zukommt.[187] Zu dem Katastrophenschutz gehören auch der Brandschutz und Rettungsdienst, die in den Flächenstaaten von den kommunalen Selbstverwaltungskörperschaften entweder als Aufgabe im übertragenen Wirkungskreis[188] oder als pflichtige Selbstverwaltungsangelegenheit[189] wahrgenommen werden. Die kommunalen freiwilligen Feuerwehren und Berufsfeuerwehren sind aber nicht nur für die Brandwehr zuständig, sondern ihnen ist auch die Bekämpfung anderer Not- und Unglücksfälle sowie – als Auftragsangelegenheit (vgl. § 2 Abs. 1 ZSKG) – die Mitwirkung im Katastrophenschutz übertragen.[190] Sie bilden damit den Dreh- und Angelpunkt sowie die personell stärkste Einheit des gesamten staatlichen Krisenmanagements.[191]

Vorbehaltlich abweichender Regelungen im Grundgesetz führen die Länder auch die Gesetze des Bundes als eigene Angelegenheit aus (Art. 83 GG).

2. Bund

Da das Grundgesetz dem Bund in Abweichung von Art. 83 GG einige Verwaltungskompetenzen vorbehält oder ihm den Zugriff auf die Aufgabenerfüllung ermöglicht, haben sich auch auf dieser staatlichen Ebene signifikante Strukturen für die Krisenbekämpfung gebildet.

---

[186] Hierzu *Kirschstein*, Flutkatastrophe Ahrtal, 2023, S. 12 f.
[187] ZB § 3 Abs. 2 LKatSG SH.
[188] § 2 Abs. 1 SaarlBKG.
[189] § 2 Abs. 1 BrSchG SH; Art. 1 Abs. 1 BayFwG.
[190] Vgl. zB § 6 BrSchG SH.
[191] Der Deutsche Feuerwehrverband zählte zum 31.12.2021 in Deutschland 23.977 freiwillige Feuerwehren mit ca. einer Million Mitgliedern und 111 Berufsfeuerwehren mit 35.875 Beschäftigten (einsehbar unter www.feuerwehrverband.de).

a) Bundesamt für Bevölkerungsschutz und Katastrophenhilfe (BBK)

aa) Aufgaben

Die Bundesoberbehörde BBK[192] nimmt in Umsetzung des erstmals 2002[193] vorgestellten „Konzept(s) für eine neue Strategie zum Schutz der Bevölkerung" die Aufgaben des Bundes im Bevölkerungsschutz und in der Katastrophenhilfe wahr.[194] Es ist der zentrale strategische Akteur der Krisenbekämpfung iwS, strategischer Netzknoten und Dienstleistungszentrum für die Behörden aller Verwaltungsebenen sowie für die im Bevölkerungsschutz mitwirkenden Organisationen.[195] Das BBK verfügt nicht über einen eigenen Verwaltungsunterbau. Dieser könnte nach Art. 87b Abs. 2 Satz 1 GG nur für den Bereich des Zivilschutzes, nicht aber für die Katastrophenhilfe eingerichtet werden.

bb) Besondere Einrichtungen des BBK

Das BBK verfügt über eine ganze Reihe von Einrichtungen, die bei der Krisenbekämpfung iwS eingesetzt werden.

Das Gemeinsame Melde- und Lagezentrum (GMLZ) wurde 2002 zunächst bei der der Zentralstelle für Zivilschutz im Bundesverwaltungsamt,[196] dann auf Grundlage von § 16 Abs. 4 ZSKG als „Koordinierungsinstrument" in der Form eines Referats im BBK eingerichtet. Das GMLZ hat die Funktion eines ständig erreichbaren Meldekopfs. Es soll den permanenten Informationsaustausch zwischen Bund und Ländern gewährleisten.[197] Dafür nimmt es Meldungen von Behörden auf Ebene der Kommunen, des Landes und des Bundes in standardisierter Form[198] entgegen. Auf dieser Informationsgrundlage erstellt das GMLZ Lagebilder, bewertet diese und informiert über die sich daraus ergebenen Handlungsempfehlungen. Zudem ist das GMLZ in der Lage, Engpassressourcen auf Anforderungen der Länder zu vermitteln und deren Einsatz bei Bedarf zu koordinieren.[199] So fungiert das BBK als Zentrum für Ressourcenmanagement, d.h. als Dispositionszentrum vor allem für Helfer, aber

---

[192] Gesetz über die Errichtung des Bundesamtes für Bevölkerungsschutz und Katastrophenhilfe (BBKG) vom 27.4.2004 (BGBl. I 630).
[193] S.o. Fn. 4; zur Übersicht über Gesetzesvorhaben in Umsetzung der Strategie: *Meyer-Teschendorf*, DVBl. 2009, 1221 (1222ff.).
[194] § 2 Abs. 1, 2 BBKG.
[195] *BMI*, Strategie für einen modernen Bevölkerungsschutz, 2009, S. 14.
[196] *Schily*, Bevölkerungsschutz 5/2003, 3 (5).
[197] *Rachor/Roggan*, in: Lisken/Denninger (Hrsg.), Handbuch des Polizeirechts, 7. Aufl. 2021, Rn. 154 ff.
[198] *Mitschke*, Bevölkerungsschutz, 2/2009, 32 (33).
[199] In diesem Rahmen erfolgte die Unterstützungsleistung des BBK durch das GMLZ bei Transporten von Patienten durch Nutzung des Kleeblattkonzepts, s.o. Fn. 99.

auch zum Nachweis und zur Vermittlung von sächlichen Ressourcen aller Art.[200]

Des Weiteren haben Bund und Länder im Jahr 2022 durch Vereinbarung[201] das Gemeinsame Kompetenzzentrum Bevölkerungsschutz (GeKoB) gegründet, das beim BBK angesiedelt (§ 4 Abs. 1 der Vereinbarung)[202] und eng mit dem GMLZ verzahnt ist.[203] Nach § 1 Abs. 1 Satz 1 der Vereinbarung ist das GeKoB eine „von Bund und Ländern partnerschaftlich getragene Errichtung und Etablierung einer dauerhaften und strukturiert organisierten Kooperationsplattform für den Bevölkerungsschutz sowie für das ressortübergreifende Risiko- und Krisenmanagement". Das Kompetenzzentrum dient der ressortübergreifenden Vernetzung von Bund, Ländern sowie weiteren (auch privaten) Akteuren im Bevölkerungsschutz (§ 1 Abs. 1 Satz 2) unter Beibehaltung der bestehenden Zuständigkeiten (§ 1 Abs. 1 Satz 5 f.).

Aufgabe des GeKoB ist es, den Informationsaustausch im Bevölkerungsschutz zu verbessern und die Koordinierung der verschiedenen Beteiligten zu verstärken.[204] Hierdurch ist das GeKoB in der Lage, den Regierungen von Bund und Ländern im Krisenfall Unterstützung durch geübte Experten- und Krisenstäbe mit dem konzertierten Wissen der verschiedenen krisenrelevanten Akteure anzubieten.[205] Das GeKoB wird bei der Krisenbewältigung durch die zuständigen Träger des Katastrophenschutzes lediglich beratend und unterstützend tätig (§ 1 Abs. 2 Satz 1). Allerdings kann es auch „bei Krisen und insbesondere bei länderübergreifenden Gefahren- und Schadenslagen auf Anforderung der jeweils zuständigen Stellen ... u.a. Krisenstabsfunktionen und -aufgaben zur Unterstützung des Krisenmanagements von Bund und Ländern übernehmen" (§ 2 Abs. 2). Dies geschieht ohne die Einräumung von Weisungsrechten (§ 3 Abs. 2 Satz 1).

Beim GeKoB ist das Projekt „Gemeinsames Lagebild Bevölkerungsschutz" angesiedelt. Hierdurch „erhalten Verantwortliche in Bund und Ländern ergänzend zu den in Bund und Ländern bereits vorhandenen Lagebildern zusätzliche Unterstützung bei Lageeinschätzungen und Entscheidungen über zu treffende Maßnahmen.

---

[200] *BBK*, Ressourcenmanagement, abrufbar auf www.bbk.bund.de.
[201] Bekanntmachung der Verwaltungsvereinbarung des Bundes und der Länder über die Errichtung eines Gemeinsamen Kompetenzzentrums Bevölkerungsschutz vom 13. März 2023, BAnz AT B1 5.5.2023 (auch abrufbar auf www.bbk.bund.de).
[202] Zur Entstehungsgeschichte *Hollo*, DÖV 2023, 195 (200 f.).
[203] Anlage zur „Vereinbarung des Bundes und der Länder über die Errichtung des Gemeinsamen Kompetenzzentrums Bevölkerungsschutz" vom 2.6.2022, S. 1 (abrufbar auf www.bbk.bund.de).
[204] *Schuster* (BBK), BT Ausschuss für Inneres und Heimat, Sitzung am 12.4.2021, Anhang zu Protokoll-Nr. 19/131, S. 72 ff. (78 f.).
[205] *Schuster* (o. Fn. 204), S. 78 f.

Der besondere Mehrwert besteht darin, dass die Informationen im Gemeinsamen Lagebild Bevölkerungsschutz ressort- und alle föderalen Ebenen übergreifend gebündelt werden"[206].

Außerdem entsteht am GeKoB derzeit im Auftrag der IMK ein bundesweites Ressourcenregister für „Spezialfähigkeiten" im Katastrophen- und Zivilschutz.[207] Darunter fallen Hubschrauber, Schwerlastkräne, nationale Notfallreserven, aber auch spezielle Expertise, Helferpotentiale, Waldbrandbekämpfungskapazitäten, Drohnen sowie Spezial-Lastkräne, die aus dem schon bestehenden Koordinierungsregister wie dem Fähigkeitsmanagement von Bund und Ländern[208] herausfallen.[209]

Eine weitere für die Vorbereitung auf die Krisenabwehr wichtige Einrichtung des BBK ist die als Abteilung der Behörde eingerichtete Bundesakademie für Bevölkerungsschutz und Zivile Verteidigung (BABZ).[210] Als Bildungseinrichtung für den Katastrophen- und Zivilschutz schult sie Schlüsselpersonal der Bundes-, Landes und der kommunalen Ebene auf der Grundlage abgestimmter Aus- und Fortbildungspläne.

cc) Ergänzende Bundesausstattung im Bevölkerungsschutz und weitere Bevorratung

Das BBK hat eine „ergänzende Bundesausstattung im Bevölkerungsschutz", die der Unterstützung der Länder bei der katastrophenschutzrechtlichen Bewältigung von Krisenfällen gewidmet ist, u. a. durch die Bereitstellung von Einsatzfahrzeugen auf der Grundlage von § 13 ZSKG weiter ausgebaut.[211]

Auch bei der Bevorratung weiterer Ressourcen, die für die Krisenbekämpfung in Bund *und* Ländern benötigt werden, ist das BKK zuständig. So hatte die Bundesregierung im Jahr 2020 aufgrund der Schwierigkeiten bei der kurzfristigen Beschaffung von persönlicher Schutzausstattung zu Beginn der Corona-Pandemie beschlossen, eine Nationale Reserve Gesundheitsschutz (NRGS) und eine entsprechende nationale Produktionskapazität für medizinische Schutzausstattung aufzubauen, bei deren Lagerung und Verteilung das

---

[206] So die Darstellung auf der Seite der Bundesregierung (https://www.bundesregierung.de/breg-de/themen/bbk-gmlz-2054798).

[207] *BMI/BBK*, Lernen aus Krisenlagen, 2023, S. 3.

[208] *BMI/BBK*, Fähigkeitsmanagement von Bund und Ländern, abrufbar auf www.bbk.bund.de.

[209] *Ministerium des Innern des Landes Nordrhein-Westfalen*, Verwaltungsvereinbarung über die Einrichtung eines gemeinsamen Kompetenzzentrums Katastrophenschutz, LT-NRW Vorlage 17/6786, S. 11; *Bayerisches Staatsministerium des Innern, Sport und Integration*, Katastrophenschutz Bayern 2025, S. 18.

[210] Hierzu *Mitschke*, Bevölkerungsschutz 4/2021, 30.

[211] *Schuster* (BBK), BT Ausschuss für Inneres und Heimat, Sitzung am 12. April 2021, Anhang zu Protokoll-Nr. 19/131, S. 72 ff. (76).

THW mit sechs neuen Logistikzentren unterstützend tätig sein sollte,[212] während das BBK bei der Bedarfsermittlung oder dem Management der NRGS aufgrund seiner Expertise im Bereich Sanitätsmaterialbevorratung für den Zivilschutz unterstützend tätig sein sollte.[213] Allerdings ist der Aufbau dieser Reserve ins Stocken geraten und es bleibt unklar, ob die Bundesregierung das Vorhaben weiterhin verfolgt.[214]

Weitere Bundesreserven bestehen für Ernährung[215], und unter Hinzuziehung von privaten Betreibern sowie unter Verantwortung des Bundesministeriums für Wirtschaft und Klimaschutz auch für Erdöl[216] und Gas[217]. Vorgesorgt ist zudem für die Betreuung von Personen in Gestalt von Versorgung, Verpflegung und Notunterkunft[218]. Hierfür stehen mehrere Notfallzeltstädten für den mobilen Einsatz im gesamten Bundesgebiet zur Verfügung, die die Einsatzkräfte bundesweit aufbauen können, um Schlafplätze, Gesundheitsversorgung, Strom, Wasser und Mobilität zur Verfügung für jeweils 5.000 Menschen zu gewährleisten.[219]

b) Technisches Hilfswerk (THW)

Neben dem BBK ist das eher operativ tätige Technische Hilfswerk (THW) ein weiterer wichtiger Akteur des Krisenmanagements auf Bundesebene. Das THW wurde als nicht rechtsfähige Bundesanstalt mit eigenem Verwaltungsunterbau im Geschäftsbereich des BMI zunächst durch Erlass gegründet.[220] Im Jahr 1990 wurde seine Organisation auf gesetzliche Grundlage gestellt.[221] Das Gesetz weist dem

---

[212] Hierzu und zu dem folgenden vgl. Bericht des BRH nach § 88 Absatz 2 BHO an das Bundesministerium des Innern und für Heimat: Logistikzentren der Bundesanstalt THW für eine Nationale Reserve Gesundheitsschutz, 2023 (Gz.: VII 2 – 0001857), S. 5 ff.
[213] *Steffens/Gauchel-Petrovic*, Bevölkerungsschutz 4/2021, 16 (16).
[214] Dies ist nach – bestrittener – Ansicht des BRH nicht (mehr) der Fall, o. Fn. 212, S. 11 ff.
[215] *BMI*, Konzeption Zivile Verteidigung (KZV), 2016, S. 47; s. a. *Gerhold/Garcia/Lara*, in: Gerhold/Peperhove/Lindner/Tietze (Hrsg.), Schutzziele, Notfallvorsorge, Katastrophenkommunikation, 2012, S. 39 ff.
[216] Zur Bevorratungspflicht des Erdölbevorratungsverbands: „Ölkrisenvorsorge und -management", abrufbar auf www.bmwk.de.
[217] Für die Verpflichtung der Gasversorgungsunternehmen, Fernleitungs- und Verteilernetzbetreiber siehe *BMWK*, Notfallplan Erdgas für die Bundesrepublik Deutschland, 2022, S. 8.
[218] *BBK*, Betreuung im Zivilschutz, 2020/2021, S. 37 ff.
[219] *BMI*, Unser Land gegen Krisen und Klimafolgen wappnen, 2022, S. 6.
[220] Erlass über die Errichtung des Technischen Hilfswerks (THW) als nichtrechtsfähige Bundesanstalt vom 25.8.1953 (GMBl. S. 507).
[221] Gesetz zur Regelung der Rechtsverhältnisse der Helfer der Bundesanstalt Technisches Hilfswerk (THW-HelfRG) vom 22.1.1990 (BGBl. I 118); umbenannt durch das Gesetz über das Technische Hilfswerk (THWG) vom 29.7.2009 (BGBl. I 2350).

THW in erster Linie die Aufgabe als Einsatzorganisation des Bundes im Bereich des Zivilschutzes zu (§ 1 Abs. 2 Nr. 1 THWG). Aber die (bundes-)gesetzliche Aufgabenzuweisung lässt auch schon die katastrophenschutzrechtliche Komplementärfunktion des THW im Rahmen der Amtshilfe nach Art. 35 Abs. 2 und 3 GG erkennen.[222] Die Katastrophenschutzgesetze einiger Länder nehmen das THW sogar ausdrücklich als Akteur des Katastrophenschutzes – im Sinne einer antizipierten Amtshilfe – in Anspruch.[223]

Das THW leistet technische Hilfe in den Bereichen Bergung, Führung/Kommunikation, Logistik, Ortung, Räumung, Elektro- und Infrastrukturversorgung, Sprengung sowie bei Wassergefahren und -schäden und hält Notinfrastrukturen (Notstromversorgung, Trinkwasseraufbereitung, Notkommunikation) zur Versorgung der Bevölkerung und zur Aufrechterhaltung von Staats- und Regierungsfunktionen vor.[224]

c) Weitere sicherheitsrelevante Behörden und Einrichtungen des Bundes

Als weiterer wichtiger Akteur auf der Ebene des Bundes leistet die Bundespolizei den Ländern im Krisenfall nach Maßgabe einer Verwaltungsvorschrift technische und polizeiliche Katastrophenhilfe und unterstützt diese durch die Bereitstellung von Personal, Kraftfahrzeugen, Luft-, Wasserfahrzeugen, Geräten, Material, Notunterkünften und Einsatzküchen.[225]

Die Amtshilfe der Bundeswehr im Katastrophenschutz ist durch einen ministeriellen Erlass geregelt[226], wonach diese ihre technischen und logistischen Fähigkeiten bei der Krisenbekämpfung im Wege der Amtshilfe einbringen, hierbei aber nur unter engen Voraussetzungen mit militärischen Mitteln als *ultima ratio* handeln darf.[227]

Auch anderen Bundesbehörden sind Aufgaben für die Krisenbekämpfung iwS zugewiesen. Das Bundeskriminalamt (BKA) dient

---

[222] § 1 Abs. 1 Satz 2 iVm § 1 Abs. 2 Nr. 3 und 4 THWG.
[223] So ausdrücklich: § 10 Abs. 3 LKatSG SH; Art. 8 Abs. 3 BayKSG.
[224] *Bundesregierung*, Deutsche Strategie zur Stärkung der Resilienz gegenüber Katastrophen, 2022, S. 55; s.a. *BMI*, Konzeption Zivile Verteidigung (KZV), 2016, S. 39f.
[225] Aufzählung der Aufgaben in: Allgemeine Verwaltungsvorschrift des Bundesministeriums des Innern über die Verwendung der Bundespolizei bei einer Naturkatastrophe oder bei einem besonders schweren Unglücksfall sowie zur Hilfe im Notfall (BPolKatHiVwV) vom 4.9.2012 (GMBl. S. 899).
[226] Hilfeleistungen der Bundeswehr bei Naturkatastrophen oder besonders schweren Unglücksfällen im Rahmen der dringenden Eilhilfe – Neufassung, Erlass des BMVg vom 15.5.2013 (GMBl. S. 628). Zu der besonderen Konstellation einer Amtshilfe der Bundeswehr zugunsten der Kommunen, *Schirmer*, GZS 2022, 205.
[227] S. insb. BVerfGE 132, 1 (9ff., 17ff.); BVerfGE 115, 118 (143); vgl. BVerfGE 133, 241 (263ff.).

Organisatorische Rahmenbedingungen staatl. Krisenbekämpfung D 45

der Zusammenarbeit des Bundes und der Länder in kriminalpolizeilichen Angelegenheiten und damit primär der Krisenvorsorge (§ 1 Abs. 1 BKAG). Weitere, z.T. auch bei anderen Behörden angesiedelte Einrichtungen sind u.a. das Gemeinsame Terrorismusabwehrzentrum (GTAZ)[228], das Gemeinsame Extremismus- und Terrorismusabwehrzentrum (GETZ) als „Plattformen" für den Informationsaustausch von Sicherheitsbehörden,[229] sowie das Gemeinsame Internetzentrum (GIZ)[230] und das Gemeinsame Cyber-Abwehrzentrum (Cyber-AZ)[231]. Das Bundesamt für Sicherheit in der Informationstechnik (BSI) ist als Bundesoberbehörde im Geschäftsbereich des BMI (§ 1 S. 1 BSIG)[232] die zentrale Einrichtung für die Informationssicherheit auf nationaler Ebene.

d) Wissenschaftsnahe Einrichtungen des Bundes

Neben den genannten Sicherheitsbehörden gibt es eine ganze Reihe weiterer Akteure auf der Ebene des Bundes, die insbesondere für die (wissenschaftliche) Informationsbeschaffung und -vermittlung in spezifischen Bereichen verantwortlich sind. Hierzu zählen das Robert-Koch-Institut (RKI)[233] im Bereich des Infektionsschutzes;[234] das Paul-Ehrlich-Institut (PEI)[235], ggfs. im Verbund mit dem Friedrich-Löffler-Institut,[236] das Bundesinstitut für Risikobewertung (BfR),[237] der Deutsche Wetterdienst (DWD)[238] oder auch das Bundesamt für Strahlenschutz (BfS).[239] Die Bundeszentrale für gesundheitliche Aufklärung (BZgA) ist als Bundesoberbehörde im Ge-

---

[228] *Graulich*, in: Schenke/Graulich/Ruthig (Hrsg.), Sicherheitsrecht des Bundes, 2. Aufl. 2019, § 2 BKAG Rn. 17 ff.
[229] *Barczak*, in: ders. (Hrsg.), BKAG, 2023, § 1 Rn. 22.
[230] *Graulich* (o. Fn. 228), Rn. 21 f.
[231] *Graulich* (o. Fn. 228), Rn. 25 f.
[232] Gesetz über das Bundesamt für Sicherheit in der Informationstechnik vom 14.8.2009 (BGBl. I. S. 2821).
[233] Vgl. § 2 Abs. 1 des Gesetzes über Nachfolgeeinrichtungen des Bundesgesundheitsamtes vom 24.6.1994 (BGBl. I 1416).
[234] *Rixen*, DieVerw 2021, 319 (331 f.).
[235] Nach § 1 Abs. 1 des Gesetzes über das Bundesinstitut für Impfstoffe und biomedizinische Arzneimittel vom 7.7.1972 (BGBl. I 1163) unterhält der Bund dieses ein Bundesinstitut für Impfstoffe und biomedizinische Arzneimittel als selbständige Bundesbehörde. Seine Aufgaben sind in § 1 Abs. 2 des Gesetzes aufgeführt.
[236] Nach § 27 Abs. 1 des Gesetzes zur Vorbeugung vor und Bekämpfung von Tierseuchen vom 21.11.2018 (BGBl. I 1938) forscht das Friedrich-Loeffler-Institut als selbständige Bundesoberbehörde u.a. auf dem Gebiet der Tierseuchen, des Tierschutzes.
[237] § 1 des Gesetzes über die Errichtung eines Bundesinstitutes für Risikobewertung vom 6.8.2002 (BGBl. I 3082)
[238] Gesetz über den Deutschen Wetterdienst vom 10.9.1998 (BGBl. I 2871).
[239] Gesetz über die Errichtung eines Bundesamts für Strahlenschutz vom 9.10.1989 (BGBl. I 1830).

schäftsbereich des Bundesgesundheitsministeriums u. a. für die Realisierung bundesweiter Kommunikationsmaßnahmen gegenüber der Bevölkerung im Bereich der gesundheitlichen Erziehung und Aufklärung zuständig.[240]

III. Kooperation bei der Krisenbekämpfung

1. Kooperationsverhältnisse im Bundesstaat

Die Krisenbekämpfung fordert den Staat in allen seinen Verästelungen und in seinen auf verschiedene Gebietskörperschaften und Behörden verteilten Zuständigkeiten und Fähigkeiten heraus, die mit dem Ziel der effektiven Krisenbewältigung zusammengeführt werden müssen. Eine Notwendigkeit zur Kooperation kann sich in vielerlei Hinsicht ergeben: Die Auswirkungen einer Krise können sich über mehrere kommunale Selbstverwaltungskörperschaften oder Länder hinweg erstrecken. Oder die Krisenbekämpfung iwS überfordert die Fähigkeiten der originär zuständigen Gebietskörperschaft in quantitativer oder qualitativer Hinsicht.

Soweit aber bei der Krisenbekämpfung ieS Kooperation erforderlich ist, wird diese nur dann funktionieren, wenn sie bereits im Vorfeld eingeübt wurde. Insoweit ist auf die regelmäßigen strategischen länder- und ressortübergreifenden Krisenmanagementübungen (LÜKEX)[241] zu verweisen, die vom BBK organisiert wird. Ziel der Übung ist es, „das gemeinsame Krisenmanagement auf strategischer Ebene zu verbessern".[242]

Für ein effektives und effizientes Risiko- und Krisenmanagement bedarf es somit eines frühzeitigen und intensiven gesamtstaatlichen Zusammenwirkens bereits im Vorfeld einer Krise[243] – ebenso wie des Austauschs und der Abstimmung während der Krise, wie sie in einer Unzahl von gemeinsamen Stäben, Arbeitskreisen bis hin zu der Konferenz von Fachministern oder Ministerpräsidenten[244] stattfindet.

Daneben haben sich die Länder auf vereinheitlichende Grundsatzempfehlungen verständigt, um „eine Vereinheitlichung der Führungsstrukturen auf den unterschiedlichen Ebenen des Krisenmana-

---

[240] Errichtungserlass des Bundesministers für Gesundheitswesen vom 20.7.1967 (GMBl. S. 375).
[241] S. dazu etwa *Beyerbach*, Bevölkerungsschutz 3/2019, 11.
[242] So die Darstellung auf www.bbk.bund.de; dort auch zu den bisher geübten Szenarien.
[243] *BMI/BBK*, Stärkung des Bevölkerungsschutzes durch Neuausrichtung des Bundesamtes für Bevölkerungsschutz und Katastrophenhilfe, 2021, S. 3.
[244] Zu deren Krisenfestigkeit *Meyer*, NVwZ 2023, 1294, mit einem Plädoyer zugunsten einer verfassungsrechtlichen Institutionalisierung (1297).

gements herzustellen ... So sollen auf der operativ-taktischen Ebene (Einsatzleitung an Schadensstellen) organisationsübergreifend die ‚Feuerwehr-Dienstvorschrift 100' und im administrativ-organisatorischen Bereich die ‚Hinweise zur Bildung von Stäben der administrativ-organisatorischen Komponente' angewendet werden".[245] Für die Koordinierung von Bund und Ländern im Falle einer Pandemie wurde von der Bundesregierung auf der Grundlage von Art. 84 Abs. 2 GG und § 5 IfSG eine Allgemeine Verwaltungsvorschrift über die Koordinierung des Infektionsschutzes in epidemisch bedeutsamen Fällen erlassen, die im Krisenfall eine verstärkte Zusammenarbeit und v. a. einen verstärkten Informationsaustausch organisiert.

Störungsfreie Kommunikation ist in der akuten Krisenbekämpfung auch zwischen den einzelnen Einsatzkräften vor Ort, die aus unterschiedlichsten Organisationen stammen können, existentiell wichtig.[246] Um eine organisationsübergreifende sichere und zuverlässige Kommunikation zu gewährleisten, hat der Bund mit dem auf der Grundlage von Art. 87 Abs. 3 Satz 1 GG iVm Art. 73 Nr. 7 GG erlassenen[247] „Gesetz über die Errichtung einer Bundesanstalt für den Digitalfunk der Behörden und Organisationen mit Sicherheitsaufgaben" (BDBOSG) die BDBOS im Geschäftsbereich des BMI errichtet. Sie soll als Netzbetreiberin des Bundes ein bundesweit einheitliches digitales Sprech- und Datenfunksystem für Behörden und Organisationen mit Sicherheitsaufgaben (Digitalfunk BOS) aufbauen und betreiben. Ein Abkommen[248] regelt Nutzung und Finanzierung des BOS.

Anhand dieser die Übung und die Kommunikation bei der Krisenbekämpfung betreffenden Aspekte wird deutlich, dass schon heute ein Geflecht von kooperativen Planungs-, Übungs- und Kommunikationsstrukturen besteht, die die verschiedenen, an der Krisenbekämpfung beteiligten Akteure zusammenführen.

Allerdings darf diese Kooperation eine bestimmte Grenze nicht überschreiten: Sie darf nicht zu einer – wenn auch nur „freiwilligen" – Aufgabe und Übertragung eigener Zuständigkeiten auf andere

---

[245] *BMI*, System des Krisenmanagements in Deutschland (2015), S. 18.
[246] Siehe etwa zu den Kommunikationsschwierigkeiten bei der Flutkatastrophe 2021 den Zwischenbericht des Parlamentarischen Untersuchungsausschusses V („Hochwasserkatastrophe"), LT-Drs. NRW 17/16930, S. 123, 615 f., 701 und öfter.
[247] Gesetzentwurf der Fraktionen SPD und BÜNDNIS 90/DIE GRÜNEN, Entwurf eines Gesetzes zur Errichtung einer Bundesanstalt für den Digitalfunk der Behörden und Organisationen mit Sicherheitsaufgaben (BDBOS-Gesetz – BDBOSG), BT-Drs. 15/5575, S. 6.
[248] Verwaltungsabkommen vom 14.3.2007 über die Zusammenarbeit von Bund und Ländern beim Aufbau und Betrieb des Digitalfunks der Behörden und Organisationen mit Sicherheitsaufgaben (abzurufen auf www.bdbos.bund.de).

Gebietskörperschaften führen. Kompetenzen sind auch für ihren Inhaber nicht verfügbar.[249]

2. Amtshilfe

Ein verfassungsrechtlich ausdrücklich vorgesehenes – und insbesondere in der Krisenbekämpfung häufig in Anspruch genommenes – Kooperationsinstrument ist die Amtshilfe.

a) Sinn und Voraussetzungen

Die horizontale wie die vertikale Verteilung von Zuständigkeiten kann zu inakzeptablen Ergebnissen führen, wenn ihre Strenge eine effektive und effiziente Krisenbekämpfung verhindert, indem etwa ungenutzte Fähigkeiten einer Gebietskörperschaft nicht eingesetzt werden (können), weil diese für die Krisenbekämpfung „nicht zuständig" ist.

Art. 35 GG Abs. 2 und 3 GG erlauben zu diesem Zweck eine kooperative Krisenbekämpfung auch in atypischen Lagen[250] unter Durchbrechung, aber ohne Veränderung der Zuständigkeitsordnung.[251] Neben der Kooperation zur Aufrechterhaltung von Sicherheit und Ordnung (Art. 35 Abs. 2 Satz 1 GG) kann eine Zusammenarbeit zwischen Bund und/oder Ländern auf Anforderung der zuständigen Gebietskörperschaft auch zur Krisenbekämpfung „im Angesicht einer Naturkatastrophe oder eines besonders schweren Unglücksfalls" erfolgen.[252] Der Sinn der Norm gebietet es, dass auch hier die ersuchende Gebietskörperschaft mit der Krisenbekämpfung allein überfordert sein muss, obwohl der Wortlaut dies nur bei einer Amtshilfe nach Art. 35 Abs. 2 Satz 1 GG vorsieht.[253]

b) Grenzen

Bei der Amtshilfe handelt es sich um eine Form punktueller Kooperation zwischen den Ländern oder zwischen Bund und Län-

---

[249] BVerfGE 108, 169 (182); *Isensee*, in: ders./Kirchhof (Hrsg.), HdbStR Bd. VI, 3. Aufl. 2008, § 126 Rn. 188 ff., 191.

[250] *Dederer*, in: Dürig/Herzog/Scholz (Hrsg.), GG, Stand April 2018, Art. 35 Rn. 113.

[251] *Danwitz*, in: v. Mangoldt/Klein/Starck (Hrsg.), GG, 7. Aufl. 2018, Art. 35 Rn. 59.

[252] Zu Naturkatastrophen s. *Reimer*, in: Kahl/Waldhoff (Hrsg.), Bonner Kommentar GG, Stand 2017, Art. 35 Rn. 261; zur Frage, inwieweit die Covid-19-Pandemie als „Naturkatastrophe in Zeitlupe" oder Unglücksfall unter Art. 35 Abs. 2 GG fällt *Epping*, in: Epping/Hillgruber (Hrsg.), BeckOK, GG, Stand August 2023, Art. 34 Rn. 22.3; *Kersten/Rixen* (o. Fn. 13), S. 47.

[253] *Dederer*, in: Dürig/Herzog/Scholz (Hrsg.), GG, Stand April 2018, Art. 35 Rn. 122, 134; *Klafki* (o. Fn. 5), S. 359.

dern, die keine dauerhafte Verschiebung von Zuständigkeiten – sei es in der Gesetzgebung, sei es in der Verwaltung – bewirkt oder erlaubt.[254] Dies verdeutlicht schon der Begriff der *Hilfe*. Zulässig ist nur „Aushilfe bzw. Amtshilfe im Einzelfall",[255] die die eigenverantwortliche Aufgabenwahrnehmung des originären Aufgabenträgers wahrt.[256]

Die Amtshilfe ist ihrer Idee nach auf nicht konkret vorhersehbare und damit nicht planbare Zustände angelegt, für die der eigentlich zuständige Verwaltungsträger ebenso wenig selbstverantwortliche Vorsorge treffen kann, wie der helfende.[257] Dementsprechend hat der Bund interessanterweise selbst vor dem Hintergrund der maßgeblich von ihm betriebenen Verschmelzung von Zivil- und Katastrophenschutz festgestellt, dass Amtshilfe im Inland (eigentlich) nur subsidiär „und aus den bestehenden Strukturen heraus" geleistet werden kann bzw. darf: „Aus dem Prinzip der Subsidiarität folgt, dass für die Katastrophenhilfe regelmäßig keine eigenen Vorkehrungen durch den Bund zu treffen sind".[258]

Es widerspricht folglich der Idee der Amtshilfe, wenn diese zur Kompensation dauerhafter Ausstattungsdefizite der ersuchenden Behörde missbraucht wird.[259] Wird die Leistung ebenso wie die Anforderung von Amtshilfe zu einem eingeplanten Faktor der Aufgabenerfüllung, deutet dies auf eine Schieflage bei der Verteilung von Zuständigkeiten (und damit Finanzierungslasten) hin. Es widerspricht daher dem Sinn und dem Zweck der Amtshilfe, wenn eine Gebietskörperschaft anstelle des eigentlichen Aufgabenträgers – gleichsam im vorauseilenden Amtshilfeeifer – solche Ressourcen allein oder primär für die Erfüllung fremder Aufgaben vorhält, die für eigene Aufgaben nicht oder nur selten nutzbar sind.

c) Katastrophenhilfe durch das BBK

aa) Begriff und Umfang

Dennoch „verklammert" der Gesetzgeber in seiner Aufgabenzuweisung an das BBK Katastrophen- und Zivilschutz durch die „Katastrophenhilfe", in deren Rahmen den Ländern die „Vorhaltun-

---

[254] BVerfGK, 19, 1 (2); *Gubelt/Goldhammer*, in: v. Münch/Kunig (Hrsg.), GG, 7. Aufl. 2021, Art. 35 Rn. 23.
[255] BVerfGE 63, 1 (32).
[256] *Bauer*, in: Dreier (Hrsg.), GG Bd. II, 3. Aufl. 2015, Art. 35 Rn. 13; vgl. BVerfGE 63, 1 (41).
[257] Vgl. *Bauer*, in: Dreier (Hrsg.), GG Bd. II, 3. Aufl. 2015, Art. 35 Rn. 13; aA wohl *Dederer*, in: Dürig/Herzog/Scholz (Hrsg.), GG, Stand April 2018, Art. 35 Rn. 48, der ein generelles Ersuchen für regelmäßig zulässig hält.
[258] *BMI*, Konzeption Zivile Verteidigung (KZV), 2016, S. 10.
[259] *Schubert*, in: Sachs, GG, 9. Aufl. 2021, Art. 35 Rn. 17.

gen und Einrichtungen des Bundes für den Zivilschutz ... auch für ihre Aufgaben im Bereich des Katastrophenschutzes zur Verfügung" stehen (§ 12 ZSKG). Dies eröffnet den Ländern die Möglichkeit, auf die Ressourcen und Einrichtungen des Bundes für den Zivilschutz zwecks ihrer Aufgabenerfüllung im Katastrophenschutz zurückzugreifen.[260] Des Weiteren öffnet § 14 ZSKG die Aus- und Fortbildungsmaßnahmen des BBK für die Belange der Länder in dem Bereich des Katastrophenschutzes.

Auch die Koordinierungsbefugnis des Bundes aus § 16 ZSKG schlägt eine Brücke zwischen den „Einrichtungen und Vorhaltungen" des BBK und dem Zugriff der Länder auf diese Ressourcen im Wege der Amtshilfe (Abs. 1). Zudem ordnet sich der Bund die Aufgabe der „Koordinierung von Hilfsmaßnahmen" auf Ersuchen des betroffenen Landes zu, wobei der Gegenstand der Koordinierung vom Bund im Einvernehmen mit den betroffenen Ländern getroffen wird (Abs. 2). Das Gesetz weist allerdings ausdrücklich darauf hin, dass die „Zuständigkeit der Länder für das operative Krisenmanagement" (d.h. den Katastrophenschutz) unberührt bleibt (Abs. 3).

Des Weiteren verbindet § 18 Abs. 3 ZSKG die Planungen des Bundes für den Zivilschutz durch Rahmenkonzepte mit der Planung der Länder für den Katastrophenschutz, sofern dies für ein effektives gesamtstaatliches Zusammenwirken der Katastrophenschutzbehörden erforderlich ist. Dies verdeutlicht die Intention des Gesetzgebers, dem Bund eine stärkere Steuerungs- und Koordinierungskompetenz mit Blick auf länderübergreifende („gesamtstaatliches Zusammenwirken") Gefahren und Katastrophenfälle zuzubilligen.[261] Im Rahmen der nach § 16 Abs. 1 ZSKG iVm Art. 35 Abs. 1 GG möglichen Amtshilfe durch das BBK kann die Koordination von Hilfsmaßnahmen vollständig an den Bund übertragen werden, § 16 Abs. 2, Abs. 4 ZSKS.

bb) Verfassungsrechtlicher Grenzgang

Die Aufgaben des BBK reichen in vielfacher Hinsicht weit in die katastrophenschutzrechtliche Zuständigkeit der Länder hinein. Wegen der Verknüpfung von Gesetzgebungskompetenzen und Verwaltungsbefugnissen des Bundes in Art. 87 Abs. 3 Satz 1 GG setzt die im Art. 73 Abs. 1 Nr. 1 Alt. 2 GG enthaltene Begrenzung indes auch der Verwaltungskompetenz des Bundes eine Grenze. Einrichtungen und Maßnahmen des BBK, die nicht primär dem Zivilschutz gewidmet sind oder über seinen Bereich hinausgehen, sind nicht von

---

[260] *Grüner* (o. Fn. 6), S. 116.
[261] Bundesregierung, Entwurf eines Gesetzes zur Änderung des Zivilschutzgesetzes, BT-Drs. 16/11338, S. 8 ff.

der Gesetzgebungskompetenz aus Art. 73 Abs. 1 Nr. 1 Alt. 2 GG gedeckt[262] und dürfen daher grundsätzlich weder durch den Bundesgesetzgeber geregelt noch durch das BBK vorenthalten bzw. wahrgenommen werden.

Eignet sich der Bund im Bereich des Katastrophenschutzes eine Kompetenz zur strategischen Ausrichtung und Steuerung für extreme, länderübergreifende oder das ganze Bundesgebiet betreffende Situationen an, würde dies über die im Art. 35 GG vorausgesetzte punktuelle Hilfeleistung hinausgehen.[263] Hierin läge eine zwar durch den besonderen Katastrophenfall bedingte, aber doch dauerhafte Aufgabenverschiebung zwischen Bund und Ländern.

Im Ergebnis lassen sich auch die vom Bund unter dem Vorzeichen des Zivilschutzes in Anspruch genommenen, aber mit der Katastrophenhilfe und ihrer Koordination in das Katastrophenschutzrecht hineinragenden Regelungen nicht unter Hinweis auf eine antizipierte Amtshilfe rechtfertigen. Es ist zwar denkbar, dass sich der Katastrophenschutz im Sinne einer Katastrophen*hilfe* in einem gewissen Umfang als Annex oder als „Beifang" des Zivilschutzes auf Grundlage von Art. 73 Abs. 1 Nr. 1 GG iVm Art. 35 Abs. 2 Satz 2 und Abs. 3 Satz 1 GG darstellt,[264] aber eine antizipierte und institutionalisierte Katastrophenhilfe wäre in ihrer Reichweite vage[265] und widerspricht aufgrund ihrer Institutionalisierung der Idee der Amtshilfe als Ausnahmetatbestand. Die eigentlich für die Erfüllung einer Aufgabe zuständigen Länder müssen sich im Vorfeld einer Krise, nicht mehr mit den entsprechenden Ressourcen ausstatten, weil sie sich auf deren Vorhaltung durch den Bund verlassen könnten.[266]

Für institutionalisierte, dauerhafte Maßnahmen des Bundes im Bereich des Katastrophenschutzes, die sich etwa im Betrieb des „Gemeinsame Melde- und Lagezentrums von Bund und Ländern" (GMLZ[267]), aber auch in den in §§ 12, 13, 18, 23 sowie 14 ZSKG geregelten Koordinierungsaufgaben ausdrücken, fehlt dem Bund damit die Gesetzgebungs- und damit auch die Verwaltungskompetenz.[268]

Wenn der Bund daher den Ländern Einrichtung und Ausstattung zum Katastrophenschutz im Rahmen der §§ 12, 13 ZSKG zur Verfü-

---

[262] *Musil/Kirchner*, DieVerw 2006 (39), 373 (379).
[263] Über dieses Vorhaben berichten *Musil/Kirchner*, DieVerw 2006, S. 373 (381) mwN.
[264] Vgl. dazu Bundesregierung, Entwurf eines Gesetzes zur Änderung des Zivilschutzgesetzes, BT-Drs. 16/11338, 9.
[265] *Grüner* (o. Fn. 6), S. 119.
[266] So auch *Klafki* (o. Fn. 5), S. 290.
[267] Weitere Informationen auf des BBK; *Kloepfer*, VerwArch 2007, 163 (174 f.); *Thiele* (o. Fn. 161), S. 551 f.; *Grüner* (o. Fn. 6), S. 127.
[268] *Thiele* (o. Fn. 161), S. 547; *Rachor/Roggan* (o. Fn. 197), Rn. 156.

gung stellt, muss dieses Inventar prinzipiell für den Zivilschutz angeschafft und vorgesehen sein.[269] Allerdings spielt der Zivilschutz nicht die führende und zentrale Rolle bei dem Außenauftritt und der Aufgabenwahrnehmung des BBK.[270] In der Realität finanziert der Bund somit erhebliche Teile der Katastrophenschutzausstattung[271] und greift damit in den originären Verantwortungsbereich der Länder über. Dass dies selten beanstandet wird,[272] dürfte wohl nicht zuletzt darauf zurückzuführen sein, dass dieses Arrangement den Ländern erhebliche Ersparnisse beschert.

Selbst wenn man darüber hinwegsieht, dass eine über die punktuelle Kooperation hinausgehende Antizipation und Institutionalisierung der Amtshilfe deren Grundidee widerspricht, müssten die Maßnahmen der Katastrophenhilfe zumindest materiell den Vorgaben des Art. 35 GG entsprechen. Die Koordinierung von Hilfemaßnahmen durch den Bund setzt zwar gem. § 16 Abs. 2 ZSKG ein Ersuchen eines Landes voraus. Dieses Ersuchen kann aber nicht die fehlende Gesetzgebungs- und damit Verwaltungskompetenz des Bundes für den Katastrophenschutz außerhalb der Amtshilfe ersetzen. Vielmehr würde die zwingende Wirkung der Kompetenzordnung durch ein derartiges Ersuchen der Länder nach § 16 Abs. 2 ZSKG umgangen werden.[273] Seine Zulässigkeit setzt daher nach § 16 Abs. 1 ZSKG das Vorliegen der Voraussetzungen des Art. 35 GG – insbesondere die Überforderung der anfordernden Gebietskörperschaft – voraus, selbst wenn die in dem Gesetz verwendete Formulierung „können auch" so missverstanden werden könnte, dass die verfassungsrechtlich vorgesehene Amtshilfe nur *ein* Fall der Inanspruchnahme neben anderen ist.

Soweit die Aufgaben des BBK darüber hinausgehen, einem Land Amtshilfe nach Art. 35 Abs. 2 Satz 2 oder Abs. 3 GG zu leisten, fehlt dem Bund die Kompetenz zur Aufgabenwahrnehmung.[274] Insbesondere kann der Bund keine originären, koordinierenden oder gar lenkenden Aufgaben in dem Bereich des Katastrophenschutzes wahrnehmen[275] – etwa, indem er durch das BBK „alle Bereiche der zivilen Sicherheitsvorsorge fachübergreifend berücksichtigen und zu einem wirksamen Schutzsystem für die Bevölkerung und ihre Le-

---

[269] *Pohlmann*, Rechtliche Rahmenbedingungen der Katastrophenbewältigung, 2012, S. 140 f.
[270] Hierfür s. a. die Internetseite des BBK; ferner: *Pohlmann*, Rechtliche Rahmenbedingungen der Katastrophenbewältigung, 2012, S. 108.
[271] Zu diesem Ergebnis kommt *Kloepfer* (o. Fn. 267), S. 175.
[272] S. a. *Rachor/Roggan* (o. Fn. 197), Rn. 156.
[273] In Hinblick auf das ZSKG unter Umgehung der verfassungsrechtlichen Ordnung: *Kloepfer* (o. Fn. 271), S. 175; *Thiele* (o. Fn. 161), S. 546.
[274] *Hollo* (o. Fn. 202), S. 201.
[275] *Hollo* (o. Fn. 202), S. 201.

bensgrundlage"²⁷⁶ verknüpft. Hier signalisiert der Begriff der „Verknüpfung" den Übergriff des Bundes in den Aufgabenbereich der Länder.

---

²⁷⁶ *Meyer-Teschendorf,* Stand der Diskussion um eine „Neuordnung" des Zivil- und Katastrophenschutzes, in: Kloepfer (Hrsg.), Katastrophenrecht, 2008, S. 29 (33).

F. Effizientere und effektivere Krisenbekämpfung?

I. Konzentration und Zentralisierung

Parlamentarische Schwerfälligkeit, retardierender Rechtsschutz, aufgrund der Aufteilung von Gesetzgebungs- und Verwaltungskompetenzen, uneinheitliche Entscheidungen („Flickenteppich"[277]), das Mosaik heterogener kommunaler Selbstverwaltungskörperschaften und insbesondere Zuständigkeit und Verfahren als ordnende Elemente exekutiven Handelns gelten bei der Krisenbekämpfung oft als Störfaktoren. Wann und wo immer Überlegungen zur Verbesserung der Effizienz und Effektivität staatlicher Krisenbekämpfung angestellt werden, kommt daher eine Konzentration staatlicher Befugnisse in zweierlei Hinsicht zur Sprache.

Zum einen wird – resignierend oder zustimmend – die Krise als „Stunde der Exekutive"[278] eingeordnet, die allein in der Lage und berufen ist, durch Realakte, (Allgemein-)Verfügungen oder auch im Wege der Rechtsverordnung die akute Krise zu bekämpfen.

Zum andern wird die Fähigkeit des Bundes zur Bekämpfung größerer, v.a. länderübergreifender Krisen höher eingeschätzt als die der Länder. Immerhin bedarf die Krisenbewältigung erheblicher sachlicher und personeller Ressourcen, deren Vorhaltung für eine einzelne Gebietskörperschaft angesichts eines nach Grund und Ausmaß unsicheren Kriseneintritts nicht immer sinnvoll ist. Aber nicht nur die Länder verlangen von dem Bund ein stärkeres Engagement für „ihren" Katastrophenschutz (v.a. in finanzieller Hinsicht[279]), sondern auch der Bund arbeitet im Bereich der Krisenbekämpfung im Allgemeinen, im Bereich des Katastrophen- und Infektionsschutzes[280] im Besonderen auf eine inkrementelle Konzentration der Regelungs- und Organisationsstrukturen hin. Der Koalitionsvertrag des Jahres 2021 greift diese Anliegen an mehreren Stellen auf.[281]

---

[277] S.o. Fn. 102.

[278] Die Urheberschaft dieser Aussage schreibt *Klafki*, JöR 2021, 583 (587), einem Debattenbeitrag des ehemaligen Bundesinnenministers *Gerhard Schröder* (CDU) zu (Plenarprotokoll 3/124 vom 28.7.1960, 7177 C); zu dem Phänomen *Gusy*, GZS 2020, 101 (104 ff.).

[279] Der Bund möge für den Bevölkerungsschutz „Mittel von rund 10 Milliarden Euro innerhalb der nächsten 10 Jahre" bereitstellen; Beschluss auf der 219. Sitzung der IMK, S. 62, abrufbar auf www.innenministerkonferenz.de.

[280] So zB die in der Bundesnotbremse angelegte Automatisierung und Zentralisierung des Gesetzesvollzugs (s.o. Fn. 103 und 104).

[281] Koalitionsvertrag zwischen SPD, Bündnis 90/Die Grünen und FDP vom 7.12.2021, S. 4, 11, 18, 35, 83, 105, 107, 140 (https://www.spd.de/koalitionsvertrag 2021).

II. Verfassungsrechtliche Rahmenbedingungen

1. Bindung an die Verfassung auch in der Krise

Indes sind die eingangs genannten Bauelemente des Verfassungsstaats nicht nur für den „Normalfall" gedacht. Zwar zählen in der Krise Effizienz, Effektivität sowie Verlässlichkeit des staatlichen Handelns, die dezentralen Strukturen in diesem Moment nicht (mehr) zugetraut werden. Und dem in Gefahr Geratenen dürfte es gleichgültig sein, welche staatliche Gebietskörperschaft sich in der Krise für seine Rettung und für die Beseitigung der Krisenfolgen verantwortlich fühlt. Verfassungs- und Rechtsordnung müssen sich aber gerade in der Krise bewähren.[282] Stünde ihre Geltung unter dem Vorbehalt des Normalfalls, könnten sie den Anspruch einer umfassenden Bindung staatlicher Gewalt nicht mehr einlösen.[283] Deutschland hat in seiner Verfassungsgeschichte keine gute Erfahrung mit der Verrechtlichung von Ausnahmesituationen gemacht, in denen die Verfassungsordnung suspendiert werden konnte, um sie letztlich wiederherzustellen: Solche Regelungen haben sich als politisch unbeherrschbar, ja fatal erwiesen, als die mit ihnen verbundenen besonderen Befugnisse in die falschen Hände gerieten.[284] U.a. mit den Vorschriften zu dem Verteidigungsfall iSe äußeren Notstands (vgl. Art. 115a ff. GG) macht das Grundgesetz vielmehr deutlich, dass auch in einer Krisensituation das Kompetenzgefüge mit dem Parlament als Dreh- und Angelpunkt erhalten bleiben soll und nur den besonderen Umständen angepasst wird.[285]

Das Grundgesetz sieht auch keine umfassende Außerkraftsetzung von Grundrechten im inneren oder im äußeren Notstand vor. Es erklärt die Koalitionsfreiheit sogar ausdrücklich für notstandsfest (vgl. Art. 9 Abs. 3 Satz 3 GG). Andere Grundrechte weisen zwar besondere Eingriffsermächtigungen für Notlagen auf (vgl. Art. 10 Abs. 2, 11 Abs. 2, 12a Abs. 3, 13 Abs. 4 und 7 GG). Dies bekräftigt aber im Umkehrschluss nur deren grundsätzliche Weitergeltung in der Krise, auch wenn diese ebenso wie die einem allgemeinen Gesetzesvorbehalt unterliegenden Grundrechte dann erheblichen Einschränkungen unterworfen werden können. Soweit diese Einschränkungen – wie dies in Krisen häufig der Fall sein dürfte – „we-

---

[282] *Klafki*, JöR 69 (2021), 583 (584); s.a. *Kersten/Rixen* (o. Fn. 13), S. 65 ff.
[283] *Kaiser*, Ausnahmeverfassungsrecht, 2020, S. 85 ff.; *Rennert*, DVBl. 2021, 1269 (1270 f.).
[284] *Kersten*, JuS 2016, 193 (194 ff.).
[285] *Lepsius* (o. Fn. 8), S. 337.

sentlich"[286] sind, bedürfen sie allerdings stets einer entsprechenden gesetzlichen Ermächtigung, was wiederum die unentrinnbare Verantwortung des parlamentarischen Gesetzgebers vor allem für das Treffen von moralisch aufgeladenen, komplexen Entscheidungen[287] in der Krise aktualisiert. Und die Menschenwürde bleibt für den Staat auch in der größten Krise unantastbar.[288]

Im Lichte ihrer unverbrüchlichen Fortgeltung auch im Krisenfall muss das Anliegen der Verfassungsordnung vielmehr eine vorbereitende Vergesetzlichung von Sonderlagen sein, mit der die institutionelle Grundentscheidung für das parlamentarische Regierungssystem unterstrichen wird.[289] Staat und Recht sind so einzurichten, dass sie ihre verfassungsrechtlichen Verpflichtungen im Umgang mit Krisen auch dann erfüllen können, wenn deren genaue Gestalt und Auswirkungen nicht vorhersehbar sind. Während einer Krise können in grundlegenden Fragen kaum noch Weichen gestellt werden, so dass die zuständigen Gesetzgeber (ebenso wie im nächsten Schritt die für die Gesetzesausführung zuständigen Behörden) eine Pflicht zur Vorbereitung der Krisenabwehr trifft, um die Rechtsstaatlichkeit in der Krise zu schützen. Nur auf diese Weise ist sicherzustellen, dass nicht durch *ad hoc*-Regelungen zentrale verfassungsrechtliche Rahmenbedingungen ausgehöhlt werden.

Im Ergebnis sind Krisen im Rahmen des herkömmlichen Institutionen- und Kompetenzgefüges sowie mit den herkömmlichen Handlungsinstrumenten zu bewältigen, die im Vorfeld einer Krise an die Bedürfnisse für ihre Bewältigung angepasst – „krisenfest" gemacht – werden müssen.[290]

2. Zuordnung von Verantwortung

Das Handeln des Staates bei der Krisenbekämpfung muss effektiv und effizient sein.[291] Dies wird durch eine gleichermaßen klare wie funktionsadäquate Zuordnung von Verantwortung für die Krisenbekämpfung an einzelne Gebietskörperschaften gewährleistet, die zugleich die angemessene Legitimation der staatlichen Maßnahmen (oder ihrer Unterlassung) sicherstellt. Dies ist das Anliegen der grundgesetzlichen Kompetenzordnung, die weder eine Verantwortungsvermischung noch eine -verunklarung zulässt: Alle Maßnah-

---

[286] Zur Wesentlichkeit von Entscheidungen als Auslöser für den Vorbehalt des Gesetzes *Grzeszick*, in: Dürig/Herzog/Scholz (Hrsg.), GG, Stand Januar 2022, Art. 20 Rn. 105 ff.
[287] *Klafki* (o. Fn. 5), S. 86 ff., 281.
[288] BVerfGE 115, 118 (152 ff.).
[289] *Lepsius* (o. Fn. 8), S. 338 mwN.
[290] *Barczak* (o. Fn. 1), S. 354 ff.; s. a. *Klafki*, NJW 2023, 1340 (1342).
[291] *Klafki* (o. Fn. 5), S. 50 ff.

men müssen einem Träger hoheitlicher Gewalt eindeutig zugeordnet werden können.[292]

Übergeordnetes Ziel jeder Zuweisung von Aufgaben in einer Mehrebenen-Staatlichkeit ist die Gewährleistung einer aufgabengerechten Staatsorganisation.[293] Auf welcher staatlichen Ebene eine Aufgabe erledigt werden sollte, richtet sich insbesondere nach der Nähe der Aufgabe zum Aufgabenträger. Insbesondere die erfolgreiche Abwehr von Gefahren setzt ein Näheverhältnis des Handelnden zur Gefahrenquelle und zum drohenden Schaden voraus. Grundsätzlich müssen Krisen – ebenso wie Gefahren – dezentral bekämpft werden.[294] Daher obliegt die operative Krisenbekämpfung zu Recht nahezu ausschließlich den kommunalen Selbstverwaltungskörperschaften, die auch eine nicht zu überschätzende kommunikative Funktion ihrer Bevölkerung gegenüber wahrnehmen.[295]

Vorschläge, die einen Zuständigkeitsübergang von einem in der Krise „überforderten" Land auf den Bund vorsehen, führen hier nicht weiter. Der Überforderung kann immer durch Kooperation begegnet werden. Selbst wenn man einen solchen Übergang an eine – ggfs. zum Zwecke der Rechtssicherheit ähnlich wie in § 5 Abs. 1 IfSG vom Bundestag festzustellende – qualifizierte, d.h. länderübergreifende und/oder Gefährdungslage von nationaler Tragweite knüpft,[296] müsste auch in diesen Fällen die Bekämpfung der Krisensymptome vor Ort, d.h. in dezentralen Strukturen erfolgen. Melde- und Befehlsketten würden verlängert und damit gerade in einer unübersichtlichen Lage noch fehleranfälliger. Die Kenntnis der lokalen Verhältnisse könnte dann bei dem Entscheider nicht mehr vorausgesetzt werden.

3. Gewährleistung von Legitimation – auch in der „Stunde der Exekutive"

Weil es sich bei der Krisenbekämpfung – nicht nur, aber vor allen Dingen auch bei den mit ihr typischerweise einhergehenden massiven Grundrechtseingriffen[297] – um die Ausübung staatlicher Gewalt handelt, bedarf sie nach Art. 20 Abs. 2 GG der demokratischen Legitimation.[298] Alle Maßnahmen müssen personell-organisatorisch

---

[292] *Lindner*, in: Stern/Sodan/Möstl (Hrsg.), StaatsR Bd. I, 2. Aufl. 2022, § 16 Rn. 7.
[293] *Hofmann* (o. Fn. 2), S. 249.
[294] S. auch *Walus*, Katastrophenorganisationsrecht, 2012, S. 77.
[295] *Meyer*, NVwZ 2023, 1294 (1297).
[296] So auch *Hofmann* (o. Fn. 2), S. 269 f.
[297] *Gärditz*, NJW 2021, 2761.
[298] *Klafki* (o. Fn. 5), S. 56 ff.

ebenso wie sachlich-inhaltlich auf das Volk und damit auf das Parlament zurückzuführen sein.[299] Aus der Binnenperspektive des durch eine Krise herausgeforderten Staats schlägt jedenfalls in der akuten Krisenphase die anlässlich der Diskussion um die Notstandsverfassung[300] als Redensart geprägte „Stunde der Exekutive"[301], die aber nicht nur die institutionelle Ausdifferenzierung des Rechtsstaats bedroht[302], sondern auch Legitimationsfragen aufwirft, obwohl natürlich die Exekutive ebenfalls über eine institutionell-funktionelle demokratische Legitimation verfügt.[303]

Insbesondere zu Beginn einer akuten Krisenphase sind staatliche Interventionsmaßnahmen in der Regel durch Exekutiventscheidungen unter Heranziehung von (polizei-, infektionsschutz- oder katastrophenschutzrechtlichen) Generalklauseln geprägt, die (notwendigerweise und ihrer Idee nach[304]) durch eine mangelnde Bestimmtheit[305] charakterisiert sind.[306] Bei der staatlichen Reaktion auf die Corona-Pandemie war aus dem Blickwinkel der Handlungsformenlehre zu beobachten, dass zunächst die örtlichen Infektionsschutzbehörden nach § 28 Abs. 1 IfSG mit Verwaltungsakten und Allgemeinverfügungen[307] reagierten. Danach traten die obersten Infektionsschutzbehörden der Länder durch den Erlass von Verordnungen nach § 32 IfSG in Erscheinung.[308] Den für alle diese Rege-

---

[299] *Grzeszick*, in: Dürig/Herzog/Scholz (Hrsg.), GG, Stand Januar 2022, Art. 20 Rn. 118 ff.

[300] Bundesregierung, Entwurf eines Gesetzes zur Ergänzung des Grundgesetzes betr. das Notstandsrecht BT-Drs. III/1800. Mit Art. 115a Abs. 4 des Entwurfs sollte der Bundesregierung im Ausnahmezustand ein breit angelegtes Notverordnungsrecht mit weitreichenden Befugnissen zu Grundrechtseinschränkungen übertragen werden.

[301] S. o. Fn. 278.

[302] *Lepsius* (o. Fn. 8), S. 322. In der später realisierten Notstandsverfassung setzte sich demgegenüber die Einsicht durch, dass das Parlament auch und gerade in der Krisenlage seine besondere Legitimationsleistung erbringen muss, *Klein*, in: Isensee/Kirchhof (Hrsg.), HdbStR Bd. XII, 3. Aufl. 2014, § 280 Rn. 12.

[303] *Grzeszick*, in: Dürig/Herzog/Scholz (Hrsg.), GG, Stand Januar 2022, Art. 20 Rn. 125 f.

[304] *Schoch*, in: ders. (Hrsg.), Besonderes Verwaltungsrecht, 2018, Kap. 1 Rn. 225 ff., v. a. 233; s. a. zB zu der Verpflichtung des Gesetzgebers bei bekannten Gefahrenlagen „nachzuschärfen": BVerwGE 115, 189 (194).

[305] Zum Bestimmtheitsgebot: BVerfGE 49, 168 (181); 59, 104 (114); 62, 169 (183); 80, 103 (107 f.); *Grzeszick*, in: Dürig/Herzog/Scholz (Hrsg.), GG, März 2006, Art. 20 Rn. 58 ff.

[306] Dies lässt sich insbesondere im Rahmen der Corona-Pandemie nachweisen, dazu zeitlich einordnend: *Kingreen*, NJW 2021, 2766 (2767 ff.); ferner *Brocker*, NVwZ 2020, 1485 (1486).

[307] Zu dem Fall einer landesweiten Allgemeinverfügung: VG München, NVwZ 2020, 651; hierzu *Siegel*, NVwZ 2020, 577 (579); kritisch auch *Gärditz/Abdulsalam*, GSZ 2020, 108 ff. (111 f.).

[308] Hierzu *Gärditz/Abdulsalam* (o. Fn. 307), S. 108.

lungen zunächst inhaltlich maßgeblichen § 28 Abs. 1 IfSG präzisierte der Bundesgesetzgeber erst in der Folge, nachdem sich in der Praxis ein infektionsschutzrechtliches Handlungsprogramm mit Distanzgeboten, Ausgangssperren und Betriebsschließungen herauskristallisiert hatte. Hierdurch verbesserte er die zunächst notwendige Unbestimmtheit der infektionsschutzrechtlichen Generalklausel, die gerade für unvorhersehbare, damit durch den Gesetzgeber schwer zu fassende Sachverhalte gedacht war, und setzte Eingriffsermächtigungen an ihre Stelle, die sich um einen präziseren Tatbestand und einen Katalog von möglichen Rechtsfolgen zumindest bemühten.[309]

Während Verwaltungsakt oder Allgemeinverfügung, später auch Rechtsverordnung unter den Bedingungen der Unsicherheit und der Zeitnot das Mittel der Wahl sind oder sein müssen, entsteht mit Fortschreiten der Krise aber die Frage, ab wann der parlamentarische Gesetzgeber dazu verpflichtet ist, vor dem Hintergrund des Parlamentsvorbehalts[310] krisenspezifische Gesetze zu erlassen.[311] Der zunächst kaum vermeidbare Zugriff der Exekutive führt auf Dauer zur Erosion der parlamentarischen Verantwortung für „wesentliche Entscheidungen".[312] Es bedarf daher eines Mechanismus zur Krisen-Rechtsetzung[313] und des Krisen-Vollzugs, der eine stärkere und frühzeitige Einbeziehung der Parlamente in die staatliche Kriseninterventionspolitik vorsieht. Insbesondere Entscheidungen, die besonders grundrechtsintensiv wirken und darüber hinaus der Erfüllung staatlicher Schutzpflichten dienen, müssen durch das Parlament getroffen werden.[314] Der Gesetzgeber hat sich hier auch unter schwierigsten Bedingungen immer als reaktions- und handlungsfähig erwiesen.[315]

Aus diesem Grunde ist es wichtig und richtig, dass einige Landesverfassungen insoweit Vorsorge getroffen haben, als Parlamente in Krisenzeiten – ebenso wie nach Änderung einiger Gemeindeord-

---

[309] Zur Infektionsschutzgesetzgebung während der Pandemie Fn. 13; kritisch zu dem Präzisierungsversuch in § 28a IfSG *Kingreen*, NJW 2021, 2766 (2766 ff.); zu der mit der Zeit wachsenden Verantwortung des Gesetzgebers, der Behörde eine speziellere Norm zur Verfügung zu stellen: *Klafki*, NJW 2023, 1340; *Schoch*, in: ders. (Hrsg.), Besonderes Verwaltungsrecht, 2018, Kap. 1 Rn. 225 ff., v. a. Rn. 230.
[310] Zum Parlamentsvorbehalt: BVerfGE 58, 257 (274); BVerwGE 57, 130 (137).
[311] Zu der Notwendigkeit differenzierter Rechtsgrundlagen als Gebot effektiver Krisenbewältigung, *Klafki*, NJW 2023, 1340.
[312] S. o. Fn. 286.
[313] Vgl. auch den Begriff der „Krisengesetzgebung": *Schwerdtfeger*, Krisengesetzgebung, 2018, S. 13 ff., 25 ff.
[314] Pflicht des Gesetzgebers zur Regelung einer Triage: BVerfGE 160, 79 (110 ff.).
[315] *Schwerdtfeger*, Krisengesetzgebung, 2018, S. 27 ff., die Ansatzpunkte des Gesetzgebungsverfahrens darlegt, die zu einer Beschleunigung in Krisenzeiten genutzt wurden und werden können.

nungen auch die kommunalen Vertretungskörperschaften[316] – notfalls digital tagen oder durch einen Notausschuss repräsentiert werden können.[317] Es ist verfassungsrechtlich zwingend, dass zumindest für erhebliche Grundrechtseingriffe die wesentlichen Elemente des demokratischen Parlamentarismus – das öffentliche Verhandeln und die hierdurch eröffnete Möglichkeit eines Ausgleichs widerstreitender Interessen – und damit die Legitimationsleistung des parlamentarischen Gesetzes[318] zur Geltung gebracht werden.

Das Parlament kann dann auch (oder muss dies bei „wesentlichen" Entscheidungen sogar) aufgrund Art. 80 Abs. 4 GG nach Vorarbeit der initiativberechtigten Landesregierung in den Fällen Gesetze erlassen, in denen der Bundesgesetzgeber die entsprechende Verordnungskompetenz an das Land delegiert hat.[319]

Ob und in welchem Maße das Parlament aber auch in der Krise seine eigene Legitimationsleistung sowohl durch die Kontrolle von Regierung und Verwaltung als auch durch eigene Gesetzgebung zur Geltung bringt, lässt sich kaum von außen steuern.[320] Eigentlich sollte die Untätigkeit des Gesetzgebers in „wesentlichen" Fragen zur Verfassungswidrigkeit der Gesetzeslage führen. Aber dies lässt sich während der Krise in einem Eilverfahren nur selten endgültig gerichtlich durchfechten. Es ist daher entscheidend, ob und mit welchem Selbstbewusstsein sich das Parlament selbst als Akteur der Krisenbekämpfung im Spiel hält; dieses Selbstbewusstsein lässt sich aber nicht verfassungsrechtlich wirksam einfordern.

III. Verbesserung von Effizienz und Effektivität der Krisenbekämpfung durch Zuständigkeitsverschiebungen?

An der Krisenbekämpfung sind eine Vielzahl staatlicher und privater Akteure beteiligt, deren Handlungsbeiträge unter erheblichem Zeitdruck und bei ungewisser Sachlage ineinandergreifen. Bei der Aufarbeitung verschiedener Krisen werden daher häufig Mängel beanstandet, die durch bessere Planung, Übung und Kommunikation der Beteiligten hätten vermieden werden können.[321] Diesen Schwie-

---

[316] Überblick bei *Meyer*, NVwZ 2020, 1302.
[317] Zu der Regelung in Schleswig-Holstein *Becker*, NVwZ 2021, 617, mwN zu anderen Ländern; s. a. *Kersten/Rixen* (o. Fn. 13), S. 309 ff.
[318] *Ossenbühl*, Isensee/Kirchhof (Hrsg.), HdbStR Bd. V, 3. Aufl. 2007, § 100 Rn. 40 ff.; *Schwerdtfeger*, Krisengesetzgebung, 2018, S. 303 ff., 308 f.
[319] Skeptisch hingegen *Brocker*, NVwZ 2020, 1485 (1487 ff.).
[320] Eine eher skeptische Bilanz dieser Leistung des Bundetages in der Corona-Gesetzgebung zieht *Lepsius*, JöR 2021, 705 (739 f.).
[321] S. o. zu die „Defizite" bei der Krisenbekämpfung.

rigkeiten kann (und muss) im Rahmen der bestehenden Zuständigkeitsordnung begegnet werden und die vielen krisenrelevanten Gesetze beinhalten entsprechende Verpflichtungen.[322] Weiter gehen demgegenüber die Vorschläge, die zur Verbesserung von Effektivität und Effizienz der Krisenbekämpfung Veränderungen in der einfachgesetzlichen oder gar der verfassungsrechtlichen Zuständigkeitsordnung anregen.

1. „Bevölkerungsschutz" als rechtspolitisches Projekt

Das Beharren auf einer Trennung der Verwaltungsräume von Bund und Ländern gerät in der Krisenbekämpfung – trotz der Abmilderung durch das Institut der Amtshilfe – unter Rechtfertigungsdruck, wenn und da Krisenabwehr oder Bevölkerungsschutz zur „gesamtstaatlichen Aufgabe" erklärt werden.[323] Dieser Topos wurde für die Aufteilung der bedrohlich wirkenden Finanzierungslasten für die Stabilisierungsmaßnahmen nach der Finanzkrise an Bund *und* Länder bemüht.[324] Auch das Vorwort zu der ersten Auflage einer „Neue(n) Strategie zum Schutz der Bevölkerung in Deutschland" annoncierte die „Neuordnung der gesamtstaatlichen ... Sicherheitspolitik".[325]

In diesem Sinne verschmelzen in der durch das ZSKG angeleiteten Praxis des BBK Katastrophen- und Zivilschutz zum „Bevölkerungsschutz". Die verfassungsrechtlich vorgezeichnete Unterscheidung beider Materien war bereits zu Anfang der 2000er Jahre mit Blick auf Gesetzgebung und Gesetzesanwendung unter verfassungspolitischen Druck geraten,[326] weil sich die jeweiligen Probleme, Aufgaben und materiellen Bedürfnisse ähneln: Die Feuerwehr löscht einen Brand unabhängig davon, ob dieser durch kriegerische Einwirkung oder die Explosion einer benachbarten Industrieanlage verursacht worden ist. In beiden Fällen müssen die Hausbewohner ggfs. in Zelten untergebracht, versorgt und verpflegt werden. Gleichermaßen unterscheidet sich das Bedürfnis nach Kommunikation und Stromversorgung nicht danach, ob ein Ausfall auf den Angriff einer auswärtigen Macht, technisches Versagen oder den Angriff eines deutschen Ha-

---

[322] *Kloepfer* (o. Fn. 6), § 18 Rn. 27 ff.
[323] „Resilienz gegenüber Katastrophen als gesamtstaatliche und -gesellschaftliche Aufgabe"; *Bundesregierung,* Deutsche Strategie zur Stärkung der Resilienz gegenüber Katastrophen, 2022, S. 6.
[324] Gesetzentwurf der Fraktionen der CDU/CSU und SPD zur Umsetzung eines Maßnahmenpakets zur Stabilisierung des Finanzmarktes, BT-Drs. 16/10600 S. 17; hierzu *Becker/Mock,* FMStG, 2009, § 13 Rn. 7 f.
[325] *BBK,* Neue Strategie zum Schutz der Bevölkerung in Deutschland, 2. Aufl. 2010, S. 15.
[326] *Freudenberg/Hagebölling* ZRP 2022, 85 (85): „als nicht mehr zeitgemäß bewertet" unter Verweis auf *Musil/Kirchner* (o. Fn. 262), S. 391.

ckers auf die entsprechende Infrastruktur zurückzuführen ist. Sanitätsmaterial und medizinische Betreuung wird unabhängig davon benötigt, ob eine Vielzahl von Personen durch kriegerische Einwirkung oder durch einen Flugzeugabsturz verletzt wurde. Doch nicht nur Krisenerscheinungen, sondern auch deren Ursachen lassen sich nicht (immer) streng nach äußerer kriegerischer Einwirkung oder Ausfluss einer internen, hybriden Bedrohung unterscheiden. Dementsprechend wurde von Seiten des Bundes gefordert, die Beschaffung zusätzlicher Ausstattung im Bevölkerungsschutz in ihrer Zielrichtung und Wirksamkeit unabhängig davon zu betrachten, ob Zivil- oder Katastrophenschutzgesichtspunkte im Schwerpunkt betroffen sind, da eine trennscharfe Abgrenzung ihrer Nutzbarkeit oft gar nicht möglich sein soll („dual use").[327]

Im Lichte dieser Beobachtungen läge es nahe, die Regelungen des Zivil- und des Katastrophenschutzes in einer Hand – der des Bundes oder der der Länder – zu vereinen. Entsprechende Versuche sind indes zumindest mit Blick auf die Gesetzgebungskompetenzen bislang gescheitert.[328] Bereits 2006 hatte die Schutzkommission beim BMI[329] „dringlich" hierzu geraten.[330] Auch in der Föderalismuskommission war vorgeschlagen worden, dem Bund unter Beibehaltung der bisherigen Aufgabenverteilung originäre Steuerungs- und Koordinierungsrechte im Bereich des Katastrophenschutzes für Extremsituationen oder für Großschadensereignisse, die mehrere Bundesländer betreffen oder einzelne Bundesländer überfordern, zuzubilligen.[331] Umgekehrt verfingen auch die – wohl eher vorsichtigen – Versuche der Länder nicht, zum Schutz ihrer Regelungsbefugnisse den „Bevölkerungsschutz aus ‚einer Hand'" durch Streichung des Zivilschutzes aus Art. 73 Abs. 1 Nr. 1 GG zu erreichen – zumal über die dann verbleibende Rolle des Bundes wohl keine klaren Vorstellungen geherrscht hätten.[332]

---

[327] *BMI/BBK*, Lernen aus Krisenlagen, 2023, S. 5, abrufbar auf www.bbk.bund.de.
[328] *Kloepfer* (o. Fn. 6), § 3 Rn. 75 f.
[329] Zu der 2015 beim BMI bestehenden Kommission zum Schutz der Zivilbevölkerung, deren Aufgaben und Berichten sowie zu den Gründen für ihre Abschaffung, vgl. den Eintrag auf www.bbk.bund.de; dort sind auch die Berichte der Schutzkommission abrufbar.
[330] *BBK/BMI*, Dritter Gefahrenbericht der Schutzkommission beim Bundesminister des Innern, Bericht über mögliche Gefahren für die Bevölkerung bei Großkatastrophen und im Verteidigungsfall, 2006, S. 84.
[331] *Musil/Kirchner* (o. Fn. 262), S. 381, unter Hinweis auf die Vorlage Modernisierung der bundesstaatlichen Ordnung – 4. und vorläufig abschließender Bericht – zur Gemeinsamen Kommission von Bundestag und Bundesrat, u.a. einsehbar in LT-Drs. Berl. 15/3605, Anhang 6; s.a. *Meyer-Teschendorf*, in: Pitschas/Uhle (Hrsg.), FS Scholz, 2007, S. 799 (809ff.).
[332] Berichtet bei *Meyer-Teschendorf*, DVBl. 2009, 1221 (1227).

Angesichts der ohne jeden Zweifel bestehenden inhaltlichen Überschneidungen der beiden Materien, die in dem *dual use* sachlicher und personeller Verwaltungsressourcen sowie der sich hierdurch ergebenden Synergieeffekte deutlich werden, stellt sich die Frage, wie man die Gesetzgebungs- und/oder Verwaltungskompetenzen in dem Bereich des Bevölkerungsschutzes am besten so organisiert, dass der Staat effizient und effektiv auf Krisen reagieren kann. Dabei ist es nicht nur aus rechtsstaatlicher Perspektive,[333] sondern auch ein für die bundestaatliche Ordnung wichtiges Desiderat, dass eine staatliche Aufgabe von demjenigen wahrgenommen wird, der für deren Erfüllung am besten geeignet erscheint.[334]

2. Katastrophenschutz als „echte Gemeinschaftsaufgabe"?

Um den Bund besser in die Strukturen des Katastrophenschutzes zu integrieren, wurde erwogen, diesen zu einer „echten Gemeinschaftsaufgabe" iSv Art. 91a GG zu erheben,[335] weil die aktuelle Organisation in diesem Bereich ohnehin wie die einer „unechten Gemeinschaftsaufgabe" erscheine.[336]

Diese Umformung des Katastrophenschutzes wäre zumindest konsequent. Immerhin war die verfassungsrechtliche Etablierung der Gemeinschaftsaufgabe letztlich auch nur als Kapitulation vor der politischen Realität der bis zu diesem Zeitpunkt gepflegten Fondswirtschaft zu verstehen.[337] Bei den Gemeinschaftsaufgaben nach Art. 91a GG handelt es sich aber um Länderaufgaben, an deren Erfüllung der Bund (lediglich) mitwirkt – grundsätzlich ohne weitere Aufsichts- und Weisungsbefugnisse.[338] Die Einführung einer weiteren Gemeinschaftsaufgabe ist zwar grundsätzlich natürlich durch Verfassungsänderung möglich, aber die Länderaufgabe Katastrophenschutz bliebe auch nach Integration in den Katalog der Gemeinschaftsaufgaben eben das: eine Aufgabe der Länder. Zudem müsste der Widerspruch aufgelöst werden, dass der Bund die Katastrophenhilfe schon jetzt ganz offenbar teilweise als Bundesaufgabe ansieht, die durch eine Behörde der bundesunmittelbaren Verwal-

---

[333] Zur Verwurzelung der Effektivität als Steuerungsziel von Verwaltung im Rechtsstaatprinzip: *Hoffmann-Riem*, in: Hoffmann-Riem/Schmidt-Aßmann, Effizienz als Herausforderung an das Verwaltungsrecht, S. 11 (19 ff.); *Siegel*, in: Stern/Sodan/Möstl (Hrsg.), StaatsR Bd. II, 2. Aufl. 2022, § 46 Rn. 28.
[334] *Korioth*, in: Dürig/Herzog/Scholz (Hrsg.), GG, Stand März 2006, Art. 30 Rn. 11.
[335] *Hofmann* (o. Fn. 2), S. 269 f.
[336] *Kloepfer* (o. Fn. 276), S. 175.
[337] *Oebbecke*, in: Isensee/Kirchhof (Hrsg.), HdbStR Bd. VI, 3. Aufl. 2008, § 136 Rn. 135.
[338] *Heun*, in: Dreier (Hrsg.), GG Bd. III, 3. Aufl. 2018, Art. 91a Rn. 27; *Siekmann*, in: Sachs (Hrsg.), 9. Aufl. 2021, GG Art. 91a Rn. 30.

tung wahrgenommen werden kann. Dann aber liegt in diesem Bereich wiederum gerade keine Länderaufgabe mehr vor, an deren Erfüllung der Bund nach Art. 91a GG mitwirken kann.

Im Übrigen sprechen diejenigen Überlegungen, die im Allgemeinen gegen die Einrichtung von Gemeinschaftsaufgaben vorgebracht werden auch dagegen, einen weiteren Sachbereich in diesen Erledigungstypus einzubeziehen: Hier werden Aspekte wie die Verunklarung von Verantwortlichkeiten, eine Förderung der Exekutivlastigkeit und damit eine Entmachtung der Landesparlamente sowie eine Ineffizienz der Kooperationsverfahren genannt.[339] All dies ist aber gerade einer effektiven und effizienten Krisenbekämpfung höchst abträglich. Die Aufnahme des Katastrophenschutzes in den Kanon der Gemeinschaftsaufgaben ist daher nicht zu empfehlen.

3. Koordinationsbefugnisse des Bundes

Effektive und effiziente Krisenbekämpfung lassen sich im Ergebnis nur erreichen, wenn die Vorteile dezentraler Organisation genutzt werden und eine Zusammenarbeit mit anderen Gebietskörperschaften so geregelt ist, dass deren Beiträge zur Unterstützung nicht zu einer Verunklarung von Zuständigkeiten und Legitimation führen. Dies lässt sich durch eine Veränderung der Gesetzgebungskompetenzen zugunsten einer Koordinierungsbefugnis des Bundes einerseits sowie der Einrichtung des BKK als Zentralstelle andererseits erreichen. Hierdurch bliebe die operative Zuständigkeit der Länder zur eigenverantwortlichen Krisenbekämpfung erhalten, würde aber mit der Möglichkeit einer institutionalisierten Unterstützung durch den Bund effektiver.

a) Veränderung der Gesetzgebungskompetenzen

Ein Vorbild für die koordinierende Beteiligung des Bundes an der Erfüllung einer Aufgabe durch die Länder ist die dem Bund in Art. 73 Abs. 1 Nr. 10 GG eingeräumte Gesetzgebungskompetenz zur Regelung der Zusammenarbeit von Bund und Ländern in dem Bereich der inneren Sicherheit. Diese Gesetzgebungskompetenz könnte durch eine Zusammenarbeit im Katastrophenschutz erweitert werden[340] und würde dann eine Befugnis zur Regelung der Koordination von Behörden des Bundes und der Länder im Falle einer Krise umfassen.

---

[339] Prägnanter Überblick bei *Heun*, in: Dreier (Hrsg.), GG Bd. III, 3. Aufl. 2018, Art. 91a Rn. 9; *Siekmann*, in: Sachs, GG, 9. Aufl. 2021, Art. 91a Rn. 6f.
[340] *Hofmann* (o. Fn. 2), S. 269f.; s.a. bereits den Antrag der Fraktion BÜNDNIS 90/DIE GRÜNEN und einiger ihrer Abgeordneten (aus dem Jahr 2020) „Zusammenarbeit im föderalen Katastrophenschutz stärken", BT-Drs. 19/17749, S. 1.

Die in Art. 73 Abs. 1 Nr. 10 GG angelegte „Zusammenarbeit" geht als Form ständiger Kooperation über eine punktuelle Amtshilfe nach Art. 35 GG hinaus und umfasst die „laufende gegenseitige Unterrichtung und Auskunftserteilung, die wechselseitige Beratung und Anregung, die gegenseitige Unterstützung und Hilfeleistung". Sie erstreckt sich „auch auf funktionelle oder organisatorische Verbindungen ... sowie auf sonstige gemeinschaftliche Einrichtungen ... beispielsweise gemeinsame Ausbildungs- und Schulungseinrichtungen sowie gemeinsame Informationssysteme.... Die Zusammenarbeit zwischen Bund und Ländern kann auch darin bestehen, dass der Bund zentrale Dienste für die Länder vorhält".[341]

Auf der Grundlage einer solchen Gesetzgebungskompetenz könnte der Bund dann ohne weiteres die bislang verfassungsrechtlich prekären Regelungen des ZSKG zur Katastrophenhilfe erlassen, die bislang als kompetenzrechtlicher Übergriff zu beanstanden sind.[342] Insbesondere die Gefahr von Ressourcen-, Allokations- und Kommunikationsdefiziten bei der Krisenbekämpfung und in ihrem Vorfeld könnten durch Regelungen auf der Grundlage einer so erweiterten Kompetenz vermieden werden. Darf der Bund die „Zusammenarbeit" zwischen sich und den Ländern bzw. der Länder untereinander regeln, so umfasst dies auch die Normierung von Kooperationspflichten.[343]

b) Das BBK als „Zentralstelle"

Hand in Hand mit der o. a. Veränderung der Gesetzgebungsbefugnisse sollte das BBK durch Ergänzung von Art. 87 Abs. 1 Satz 2 GG als „Zentralstelle"[344] des Bundes „für die Koordination des Katastrophenschutzes" eingerichtet werden.[345] Eine solche Aufgabenbeschreibung wurde offenbar schon bei seiner Gründung diskutiert.[346]

Zentralstellen sind den Ministerien nachgeordnete Einrichtungen der unmittelbaren Bundesverwaltung ohne eigenen Verwaltungsunterbau, denen die Koordination kooperativen Handelns von Bund und Ländern in bestimmten Verwaltungsaufgaben aufgetragen ist.[347] Zwar durchbricht ihre Existenz in gewisser Weise das grundsätzliche

---

[341] *Uhle*, in: Dürig/Herzog/Scholz, GG, Stand April 2010, Art. 73 Rn. 231.
[342] S. o. zur E. III. 2 (c) zur „Katastrophenhilfe durch das BBK".
[343] *Gusy*, DVBl. 1993, 1117 (1122).
[344] Zum Herkommen dieses Organisationstyps *Becker*, DÖV 1978, 551 (552 f.).
[345] Dies sieht auch der aktuelle Koalitionsvertrag vom 7.12.2021, S. 11. vor (https://www.spd.de/koalitionsvertrag2021); s. a. *Freudenberg/Hagebölling* (o. Fn. 332), S. 86; *Hofmann* (o. Fn. 2), S. 269 f.
[346] *Freudenberg/Hagebölling* (o. Fn. 326), S. 86; *Hollo* (o. Fn. 202), S. 198 mwN dort in Fn. 27.
[347] *Ibler*, in: Dürig/Herzog/Scholz (Hrsg.), GG, Stand Januar 2012, Art. 87 Rn. 117; *Siegel*, in: Stern/Sodan/Möstl (Hrsg.), StaatsR Bd. II, § 49 Rn. 9. *Gusy*, DVBl. 1993, 1117 (1120); *Hollo*, DÖV 2023, 195 (199 f.).

Verbot der Mischverwaltung,[348] aber ihr stehen keine Befugnisse zur alleinigen Wahrnehmung einer Aufgabe – erst recht nicht im Außenverhältnis[349] – zu und sie verdrängt nicht die Verwaltungszuständigkeit der Länder – hier im Katastrophenschutz.[350] Auch haben Zentralstellen keine Weisungsbefugnisse gegenüber den Landesbehörden, deren Aufgabenerfüllung sie koordinieren und unterstützen.[351] Vielmehr offenbart sich in der Einrichtung einer Zentralstelle „das Angewiesensein auf eine Zusammenarbeit mit den Ländern".[352] Es ist unter diesem Vorzeichen verfassungsrechtlich ausgeschlossen, dass das BKK strategische oder operative Aufgaben im Bereich der Krisenbekämpfung wahrnimmt und damit in die Zuständigkeit der Länder eingreift.

Die Kernaufgabe des BKA als bekannteste (Doppel-)[353] Zentralstelle hängt eng mit Art. 73 Abs. 1 Nr. 10 GG zusammen.[354] Dem BKA kommt vor allem eine Koordinierungsfunktion im Verhältnis zwischen den Art. 87 Abs. 1 Satz 2 GG genannten Behörden und den Länderverwaltungen zu.[355] Dies sollte auf die Krisenbekämpfung im Katastrophenschutz übertragen werden. In seiner Zentralstellenfunktion kann das BBK die sich aus den o. a. Maßnahmen ergebenden Koordinierungsaufgaben zwischen Bund und Ländern wahrnehmen. In dieser Hinsicht wäre es dann verfassungsrechtlich unbedenklich, wenn das BKK zentrale Informationen über Ressourcen und Fähigkeiten aller Akteure des Katastrophenschutzes sammelt, systematisiert und bei Bedarf zur Verfügung stellt; wenn es unverbindliche Handlungsrahmen für die Krisenbekämpfung mit dem Ziel entwickelt, einheitliche Vorgehensweisen zu etablieren; wenn es den Ländern Ausbildungsleistungen für ihre Katastrophenschutzbehörden zur Verfügung stellt. Nach einer solchen Verfassungsänderung könnten dem BBK dann die o. a. Aufgaben der Sammlung, Organisation, Strukturierung und Zurverfügungstellung von Informationen über Ressourcen und Fähigkeiten in Anlehnung an § 2 BKAG zugewiesen werden.

---

[348] *Barczak*, in: ders. (Hrsg.), BKAG, 2023, § 2 Rn. 4.

[349] Vermittelnd *Gusy*, DVBl. 1993, 1117 (1122f.); Ausnahmen bei *Ibler*, in: Dürig/Herzog/Scholz (Hrsg.), GG, Stand Januar 2012, Art. 87 Rn. 121.

[350] *Hermes*, in: Dreier (Hrsg.), GG Bd. III, 3. Aufl. 2018, Art. 87 Rn. 47; *Gusy*, DVBl. 1993, 1117 (1120).

[351] Bei dem hier als Vorbild dienenden BKA ist eine solche Weisungsbefugnis gegenüber den Polizeibehörden der Länder weder einfach gesetzlich vorgesehen, noch wäre sie verfassungsrechtlich darstellbar; *Barczak*, in: ders. (Hrsg.), BKAG, 2023, § 2 Rn. 5 ff.; s. a. *Gusy*, DVBl. 1993, 1117 (1121).

[352] *Burgi*, in: v. Mangoldt/Klein/Starck (Hrsg.), GG, 7. Aufl. 2018, Art. 87 Rn. 32.

[353] *Barczak*, in: ders. (Hrsg.), BKAG, 2023, § 2 Rn. 4.

[354] *Sachs*, in: Sachs (Hrsg.), GG, 9. Aufl. 2021, Art. 87 Rn. 40 mwN.

[355] *Siegel*, in: Stern/Sodan/Möstl (Hrsg.), StaatsR Bd. II, § 49 Rn. 9; *Hermes*, in: Dreier (Hrsg.), GG Bd. III, 3. Aufl. 2018, Art. 87 Rn. 47.

So wäre es etwa auf dieser Grundlage zulässig, beim BBK ein zentrales Informations- und Datenmanagement mit Verbund- oder Zentraldateien[356] aufzubauen.[357] Bei einer Zusammenarbeit unterschiedlicher Behörden ist der Informationsfluss wichtigste Voraussetzung wirksamer Krisenbekämpfung. Derzeit fehlt es mitunter an leistungsstarken und sicheren IT-gestützten Kommunikationsverbindungen zwischen den beteiligten Akteuren.[358] Daher ist ein zentrales Informations- und Datenmanagement einzuführen, das Informationen bereithält, die als Grundlage für Maßnahmen der Krisenbekämpfung dienen.[359] Zu denken ist dabei an das im Aufbau befindliche Fähigkeitsregister aller am Katastrophenschutz beteiligten Akteure.

Dann stünde auch beim BBK der Informationsverbund auf einer gesicherten Kompetenzgrundlage, der ein bundesweites Lagebild vorhält und in diesem Rahmen über die tatsächlichen Umstände eines Schadensereignisses und die technischen und personellen Möglichkeiten zu deren Bewältigung darstellt und fortwährend eine statistische Auswertung der zur Verfügung stehenden Kapazitäten vornimmt, um systemische Risiken und Schwachstellen zu identifizieren.[360]

Die verfassungsrechtliche und einfachgesetzliche Beschränkung des BKK auf Koordinationsaufgaben im Verhältnis von Bund und Ländern sowie für das Verhältnis der Länder untereinander schließt nicht aus, dass die Behörde auch weitergehend durch die Länder zur Krisenbekämpfung im Wege der Amtshilfe nach Art. 35 GG in Anspruch genommen wird.

Die hier angestrebte klare Trennung zwischen Krisenbekämpfung der Länder und deren koordinierender Unterstützung durch den Bund zwingt allerdings dazu, der sonstigen, über die Amtshilfe hinausgehenden (antizipierten und institutionalisierten) Katastrophenhilfe des Bundes eine Absage zu erteilen. Insbesondere die Beschaffung und Weitergabe von bei realistischer Betrachtung der Wahrscheinlichkeit einer entsprechenden Nutzung von nicht für den Zivilschutz angeschafften Ressourcen im Wege der antizipierten Amtshilfe durch den Bund ist einzustellen. Die Länder und die kommunalen Selbstverwaltungskörperschaften sind für die entsprechenden Beschaffungen aufgrund ihrer Aufgabeninhaberschaft im Katastrophenschutz selbst verantwortlich.

---

[356] Zu der Differenzierung *Barczak*, in: ders. (Hrsg.), BKAG, 2023, § 2 Rn. 28 ff.
[357] *Freudenberg/Hagebölling* (o. Fn. 326), S. 86 f.
[358] *BMI/BBK*, Stärkung des Bevölkerungsschutzes durch Neuausrichtung des Bundesamtes für Bevölkerungsschutz und Katastrophenhilfe, 2021, S. 3.
[359] S. zu diesem Vorschlag: *Freudenberg/Hagebölling* (o. Fn. 326), S. 86 f.
[360] *Freudenberg/Hagebölling* (o. Fn. 326), S. 86.

G. Thesen

1. Das Grundgesetz behauptet auch in tiefgreifenden Krisensituationen seinen Geltungsanspruch. Die Konsequenz daraus ist eine Verpflichtung des Staates, Krisenvorsorge zu betreiben und eine Resilienz von Recht, Staat und Gesellschaft herzustellen, um jenen Geltungsanspruch auch in der Krise nicht zu gefährden.
2. Diese staatliche Verpflichtung wird durch den grundrechtlichen *status positivu*s verstärkt, der allerdings regelmäßig keinen individuellen Anspruch auf bestimmte Leistungen der Krisenvorsorge oder -bekämpfung vermittelt. Auch im Lichte grundrechtlicher Schutzpflichten wird der Staat des Grundgesetzes nicht zum Präventionsstaat, der jede Krise um jeden Preis vermeiden muss.
3. Die juristische Befassung mit der Krise kann sich nicht allein auf den Zeitraum der akuten Krisenbekämpfung und damit in erster Linie auf die Ordnung von Zuständigkeiten und entsprechende Eingriffsermächtigungen beschränken. Der Umgang mit Krisen erfordert ebenso Regeln zur Krisenvermeidung, Regeln zur Vorbereitung auf nicht vermeidbare oder nicht vermiedene Krisen sowie Regeln über die Aufarbeitung von und das Lernen aus Krisen.
4. Krisen sind im Rahmen des herkömmlichen Institutionen- und Kompetenzgefüges mit den herkömmlichen Handlungsinstrumenten zu bewältigen, die idealerweise im Vorfeld einer Krise an die Bedürfnisse für ihre Bewältigung angepasst – „krisenfest" gemacht – wurden.
5. Ein sinnvolles und in sich geschlossenes „allgemeines Krisen(verwaltungs-)recht" als dogmatisches Reservoir kann es nicht geben. Dies ist zum einen auf die Vielgestaltigkeit der Rechts- und Lebensbereiche, in denen die bekannten vergangenen Krisen aufgetreten sind, zurückzuführen. Zum andern hätte ein solches „allgemeines Krisen(verwaltungs-)recht" nur dann einen dogmatischen Wert, wenn es mit einer gewissen Wahrscheinlichkeit Lösungen für die Bewältigung künftiger Krisen geben könnte, deren Ursache, Bezugspunkt und Gestalt indes noch völlig ungewiss sind.
6. Auch wenn die akute Krisenphase die „Stunde der Exekutive" ist, trägt der unmittelbar demokratisch legitimierte parlamentarische Gesetzgeber schon im Vorfeld der Krise die Verantwortung, die Bewältigung der Krisenphase mit sachangemessenen Organisationsnormen und möglichst genauen Eingriffsermächtigungen vorzubereiten. Nach einer ersten Schockphase muss der Gesetz-

geber darauf vorbereitet (und dazu bereit sein) sein, „wesentliche", v. a. wertende Entscheidungen selbst zu treffen.
7. Die Krisenbekämpfung erfolgt grundsätzlich dezentralisiert, d. h. sie obliegt in weiten Teilen den Ländern und wird von diesen den kommunalen Selbstverwaltungskörperschaften übertragen. Einen ganz wesentlichen Beitrag zu der Vorbereitung auf und der Bekämpfung von Krisen leisten allerdings auch private Hilfsorganisationen und ehrenamtliche Helfer in Feuerwehren und dem THW. Krisenbekämpfung ist ein „Verbundprodukt" von Staat und Gesellschaft.
8. Nicht diejenige Gebietskörperschaft mit der besten Ausstattung ist für die Bekämpfung einer Krise zuständig. Vielmehr hat sich die für die Krisenbekämpfung zuständige Gebietskörperschaft mit den notwendigen Ressourcen auszustatten. Die Antwort auf die Frage nach der Zuständigkeit ist der nach der Verantwortung für eine aufgabenadäquate Ressourcenbewirtschaftung vorgelagert.
9. Die konkrete Verteilung der Zuständigkeiten für Krisenvorsorge und -bekämpfung im Bundesstaat muss von den Desideraten einer effektiven Aufgabenerfüllung einerseits, der Gewährleistung von Legitimität und Rechtsstaatlichkeit bei der Aufgabenerfüllung andererseits geprägt sein.
10. Die bestehende Zuständigkeitsordnung führt hier nicht immer zu befriedigenden Ergebnissen. Dies wird insbesondere an der in Art. 74 Abs. 1 Nr. 1 GG angelegten Differenzierung zwischen der Regelung einer zivilen Verteidigung (bei Angriffen von außen) durch den Bund und der allgemeinen Gesetzgebungskompetenz der Länder für das Katastrophenschutzrecht deutlich.
11. Indes ist die grundgesetzliche Zuständigkeitsordnung nicht völlig starr. Vielmehr ermöglicht sie den Gebietskörperschaften horizontale wie vertikale Kooperation. Die bestehende Kompetenzordnung und die aus ihr abzuleitende Eigenverantwortung der Aufgabenerfüllung dürfen aber nur bei entsprechender verfassungsrechtlicher Flexibilität aufgegeben werden, wie sie etwa das Institut der Amtshilfe bietet.
12. Das Institut der Amtshilfe erlaubt nur die ausnahmsweise, punktuelle Beteiligung an fremder Aufgabenerfüllung, wenn der originäre Aufgabeninhaber überfordert ist. Sie kann nicht die Grundlage für dauerhafte und institutionalisierte Zusammenarbeit bilden.
13. Wenn eine solche institutionalisierte Kooperation aber zweckmäßig oder erforderlich sein sollte, hilft nur eine Änderung der gesetzlichen oder verfassungsrechtlichen Rahmenbedingungen. Hier liegt es nahe, Art. 73 Abs. 1 Nr. 10 GG um eine Befugnis

zur Regelung der Zusammenarbeit des Bundes und der Länder im Katastrophenschutz und Art. 87 Abs. 1 Satz 2 GG um die Möglichkeit zu ergänzen, das BKK als „Zentralstelle" anzusehen. Auf diese Weise würde eine sichere verfassungsrechtliche Grundlage für die heute schon unter dem Vorzeichen der „Katastrophenhilfe" stattfindende Kooperations- und Koordinationstätigkeit des BKK geschaffen.
14. Eine solche partielle Zuständigkeitsverschiebung entlastet die Länder aber nicht davon, sich ihre Ausstattung für den Katastrophenschutz selbst zu beschaffen, ohne sich dabei auf die Unterstützung des hierfür nicht zuständigen Bundes verlassen zu können.

**Bewältigung zukünftiger Krisen:
Welche gesetzlichen Rahmenbedingungen
werden benötigt, um effizient und effektiv zu
reagieren und finanzielle Hilfen bedarfsgerecht
zu verteilen?**

Gutachten E

zum 74. Deutschen Juristentag

Erstattet von
Prof. Dr. Hanno Kube, LL. M. (Cornell)

Lehrstuhl für Öffentliches Recht unter besonderer
Berücksichtigung des Finanz- und Steuerrechts an der
Ruprecht-Karls-Universität Heidelberg

Inhaltsverzeichnis

I. Die Krisen unserer Zeit – Anlass für vorsorgende Rechtsgestaltung? .... E 7
  1. Krise – Katastrophe – Katastrophenbedingte Krise .... E 7
  2. Krisenzustand und Normalzustand – Rechtsfunktionaler Begriff der Krise .... E 7
  3. Rechtfertigung und Zielsetzung der Untersuchung .... E 8
  4. Gegenstand, Grenzen und Methodik der Untersuchung .... E 8
  5. Gang der Untersuchung .... E 10

II. Bestandsaufnahme wesentlicher krisenbedingter Finanzhilfen des Staates aus der jüngeren Vergangenheit .... E 10
  1. Staatliche Finanzhilfen zur Bewältigung der COVID-19-Pandemie .... E 10
    a) Infektionsschutzmaßnahmen – Sächliche Hilfen als Äquivalent finanzieller Hilfe .... E 11
    b) Direkte Wirtschaftshilfen für Unternehmen und (Solo-) Selbstständige .... E 12
      aa) Zuschussprogramme .... E 13
      bb) Weitere Hilfen .... E 14
      cc) Schlussabrechnung .... E 15
    c) Sozialstaatliche Leistungen zur Unterstützung von Privatpersonen .... E 16
    d) Kurzarbeitergeld .... E 17
    e) Steuerrechtliche Maßnahmen .... E 17
  2. Staatliche Finanzhilfen zur Bewältigung der Energiekrise und der Inflation .... E 19
    a) Die Entlastungspakete I und II .... E 20
      aa) Sozialstaatliche Leistungen zur Unterstützung von Privatpersonen .... E 20
      bb) Steuerrechtliche Maßnahmen .... E 21
      cc) Weitere Maßnahmen .... E 21
    b) Das Entlastungspaket III .... E 22
      aa) Sozialstaatliche Leistungen zur Unterstützung von Privatpersonen .... E 22
      bb) Steuerrechtliche Maßnahmen .... E 23
      cc) Weitere Maßnahmen .... E 24
    c) Der Wirtschaftliche Abwehrschirm .... E 24
  3. Staatliche Finanzhilfen zur Bewältigung der Flutkatastrophe 2021 .... E 29
    a) Soforthilfemaßnahmen .... E 29
    b) Aufbauhilfe 2021 als Sondervermögen des Bundes .... E 29

c) Weitere finanzielle Hilfen	E 30
d) Sächliche Hilfen als Äquivalent finanzieller Hilfen	E 31
III. Systematisierung der staatlichen Finanzhilfen	E 31
1. Ziele der Hilfeleistungen	E 31
a) Finanzhilfen zugunsten Privater	E 31
aa) Existenzsicherung	E 31
bb) Hilfe über die Existenzsicherung hinaus	E 32
b) Finanzhilfen zugunsten der Wirtschaft	E 34
2. Genutzte Regelungs- und Verwaltungsstrukturen	E 34
a) Finanzhilfen aufgrund eigenständiger Antragsverfahren	E 34
b) Finanzhilfen im Rahmen der Sozialsysteme	E 34
c) Finanzhilfen im Rahmen des Steuerrechts	E 35
d) Die Indienstnahme der Arbeitgeber	E 35
e) Staatliche Unterstützung durch Eingriffe in Markttransaktionen (Preisdeckel, Rabatte)	E 36
f) Staatliche Kostenübernahmen für sächliche Hilfen des Staates	E 36
g) Zusammenschau	E 36
IV. Verfassungsrechtliche Maßgaben	E 39
1. Verfassungsrechtliche Maßstäbe leistungsstaatlichen Handelns	E 39
a) Sozialstaatliche Förderung von Privatpersonen	E 39
aa) Originärer Leistungsanspruch im Umfang des sächlichen Existenzminimums	E 39
bb) Gleichheitsgerechte Teilhabe an darüber hinausgehender staatlicher Förderung, insbesondere nach dem Maß der Bedürftigkeit	E 39
cc) Subsidiarität im sozialen Staat	E 40
b) Gleichheitsgerechte Wirtschaftsförderung	E 40
2. Verfassungsrechtliche Strukturierung einzelner Regelungs- und Verwaltungssysteme	E 41
a) Eigenständige Antragsverfahren	E 41
b) Sozialrecht	E 41
c) Steuerrecht	E 42
d) Indienstnahmen	E 43
e) Eingriffe in Markttransaktionen	E 43
f) Kostenübernahmen bei sächlicher Hilfe	E 44
3. Verifikation und Praktikabilität	E 44
4. Recht auf informationelle Selbstbestimmung	E 44
a) Schutzbereich und Eingriff	E 44
b) Verhältnismäßige Ausgestaltung	E 45
V. Sachgerechte Ausgestaltung finanzieller Krisenhilfen	E 46
1. Produktbezogene Entlastungen	E 46
a) Preisbremsen	E 46

b) Verbrauchsteuerentlastungen .... E 47
c) Zielgenaue Hilfe nur bei bestimmten Krisen .... E 47
2. Direkte finanzielle Hilfen für Privatpersonen .... E 48
   a) Staatliche Kostenübernahmen bei sächlichen Maßnahmen zur Krisenbewältigung .... E 48
   b) Überweisung liquider Mittel – Nutzbarmachung der Sozialsysteme und des Steuersystems .... E 48
      aa) Sicherstellung der Mittelvergabe nach Bedürftigkeit .. E 48
      bb) Auszahlungswege – aktuelle technische Entwicklungen .... E 51
3. Direkte finanzielle Hilfen für Unternehmen .... E 53
   a) Bedarfsgerechte Unterstützung in Abhängigkeit von Art und Ausmaß der Krise – Empfehlung gesetzlicher Vorstrukturierung .... E 53
   b) Eignung eigenständiger Antragsverfahren .... E 53
4. Steuerliche Entlastungen für Bürger und Unternehmen .... E 54
   a) Kurz- und mittelfristige steuerliche Entlastungen in der Fläche .... E 54
   b) Steuerliche Maßnahmen bei lokalen Krisen – Parlamentsgesetzliche Absicherung .... E 54
5. Staatliche Aktivierung der Zivilgesellschaft .... E 55
6. Zwischenergebnis .... E 55
   a) Allgemeine Rahmenregelungen über finanzielle Krisenhilfen nicht geboten .... E 55
   b) Gesetzliche Vorstrukturierung finanzieller Krisenhilfen zugunsten der Wirtschaft .... E 56
   c) Schaffung einer Rechtsgrundlage zur Ermöglichung der Weitergabe steuerlicher Informationen .... E 56
   d) Schaffung einer Rechtsgrundlage für steuerliche Katastrophenerlasse .... E 57
VI. **Kompetenzfragen im Bundesstaat** .... E 57
1. Gesetzgebungskompetenzen für die Ausgestaltung finanzieller Krisenhilfen .... E 57
   a) Sozialstaatliche Unterstützung von Privatpersonen .... E 57
      aa) Einschlägige Kompetenztitel und ihre Grenzen .... E 57
      bb) Regelungen im Steuerrecht .... E 59
   b) Wirtschaftshilfen .... E 60
   c) Lokale Krisen .... E 60
   d) Zwischenergebnis .... E 61
2. Vollzug finanzieller Krisenhilfen im Bundesstaat .... E 61
   a) Herausforderungen des Gesetzesvollzugs, insbesondere am Beispiel der Studierenden-Energiepreispauschale .... E 61
   b) Vollzugsvereinheitlichung, insbesondere im Rahmen des OZG .... E 62

c) Zum Vollzug auf steuerrechtlicher Grundlage .... E 63
d) Nicht gesetzesakzessorische Leistungsverwaltung .... E 63
e) Zwischenergebnis .... E 64
3. Besondere Formen föderaler Kooperation zur Entscheidung über finanzielle Krisenhilfen? .... E 64
VII. Horizontale Gewaltenteilung .... E 65
1. Legislative und Exekutive .... E 65
a) Reichweite des Grundsatzes des Gesetzesvorbehalts bei umfangreichen Wirtschaftshilfen – Weiterer Grund für ein rahmensetzendes Bundesgesetz .... E 65
b) Parlamentarischer Beschluss über eine Krisenlage mit Tatbestandswirkung? .... E 66
c) Rücklagenbildung als Herausforderung des parlamentarischen Budgetrechts .... E 66
2. Das Verhältnis zwischen den einzelnen Fachressorts innerhalb der Regierung .... E 67
a) Ausgabenwettlauf bei Bildung zentraler Rücklagen .... E 67
b) Formalisierte Zuständigkeitsbündelung in Regierung und Exekutive im Krisenfall im Übrigen? .... E 67
3. Alternative institutionelle Gestaltungen und Verfahrensweisen im Verhältnis zwischen Parlament und Regierung? ...... E 67
VIII. Die Finanzierung finanzieller Krisenhilfen des Staates .... E 68
1. Zuständigkeit zur Lastentragung im föderalen Verhältnis ..... E 68
a) Grundsätzliche Vollzugsakzessorität gemäß Art. 104a Abs. 1 GG – Fragwürdige Bundesfinanzierung .... E 68
b) Mögliche Konsequenzen für den bundesstaatlichen Finanzausgleich .... E 70
2. Finanzierungsquellen .... E 70
a) Grundsätzliche Steuerfinanzierung .... E 70
b) Finanzierung durch die Sozialversicherung unter Berücksichtigung des Steuerzuschusses .... E 70
c) Sachlich und zeitlich begrenzt zulässige notlagenbedingte Kreditfinanzierung .... E 71
d) Finanzielle Prioritätensetzung und Subsidiarität des Staates .... E 72
3. Haushaltsrecht .... E 72
IX. Zusammenfassung in Thesenform .... E 72

I. Die Krisen unserer Zeit – Anlass für vorsorgende Rechtsgestaltung?*

1. Krise – Katastrophe – Katastrophenbedingte Krise

Eine Krise ist eine bedrohliche Lage mit ungewissem Ausgang.[1] Ihre Feststellung ist diagnostischer Natur, kann aber zugleich ein Handlungsgebot implizieren.[2] Die Krise unterscheidet sich von der Katastrophe, in der sich das krisenhafte Risiko verwirklicht hat.[3] Alternativ zur Katastrophe steht die Bewältigung der Krise. Schließlich können sich Katastrophen mit nachfolgenden Krisen verbinden. Dies gilt etwa für Naturkatastrophen oder Kriege, die wirtschaftliche und soziale Krisen zur Folge haben können.

2. Krisenzustand und Normalzustand – Rechtsfunktionaler Begriff der Krise

Gegenbegriff zum Krisenzustand ist der Normalzustand.[4] Abgrenzungsschwierigkeiten ergeben sich hier mit Blick auf die großen, strukturellen Gegenwartsherausforderungen wie den Klimawandel. So drängend und bedeutsam diese Herausforderungen sind, dürfen sie im rechtlichen Zusammenhang nicht als Krisen eingeordnet werden. Ansonsten verlöre der Krisenbegriff seine Funktionalität als rechtlicher Unterscheidungsbegriff. Denn die großen Gegenwartsherausforderungen müssen die Weiterentwicklung des allgemeinen Regelungsgefüges mitbestimmen, sie können nur mit den im Regelfall zur Verfügung stehenden Mitteln nachhaltig bewältigt werden. Diese rechtliche Funktionalität prägt den Begriff der Krise als Rechtsbegriff,[5] der besondere Rechtsfolgen auslöst. Dies gilt unabhängig

---

* Für wertvolle Unterstützung in der Vorbereitung dieses Gutachtens danke ich den studentischen und wissenschaftlichen Mitarbeiterinnen und Mitarbeitern meines Lehrstuhls, an erster Stelle Herrn Luca Steinbeck. Die zitierten Internet-Fundstellen wurden zuletzt am 22.1.2024 aufgerufen.

[1] *Koselleck*, Krise, in: Brunner/Conze/Koselleck (Hrsg.), Geschichtliche Grundbegriffe: Historisches Lexikon zur politisch-sozialen Sprache in Deutschland, Bd. 3, 1982, S. 617 (649); *Schwerdtfeger*, Krisengesetzgebung, 2018, S. 8f.

[2] *Steil*, Krise. I. Wurzeln und Ausbildung des Begriffs, in: Staatslexikon der Görres-Gesellschaft, Dritter Band, 8. Aufl. 2019, Sp. 1139 (1139f.).

[3] *Kloepfer*, Katastrophenschutz. I. Rechtliche Aspekte, in: Staatslexikon der Görres-Gesellschaft, Dritter Band, 8. Aufl. 2019, Sp. 595 (595).

[4] Diese begriffliche Differenzierung ist von der staatstheoretischen Differenzierung zwischen Normal- und Ausnahmelage oder auch -zustand (*Schmitt*, Politische Theologie, 1922; dazu *Hofmann*, Der Staat Bd. 44 (2005), 171 ff.; *Agamben*, Ausnahmezustand, 2004) zu unterscheiden, die hier nicht zu thematisieren ist.

[5] Kritisch und differenzierend dazu *Lepsius*, Die Verwaltung Bd. 55 (2022), 309 (315 ff.).

davon, ob der Begriff tatbestandlich oder nur das Motiv einer gesetzlichen Regelung ist. Krisen im Rechtssinne sind also außergewöhnliche, typischerweise disruptive Lagen, die besondere, gerade auch kurzfristige[6] Reaktionen des Rechtssystems erfordern.[7]

3. Rechtfertigung und Zielsetzung der Untersuchung

Die zum Teil noch andauernden Krisen der jüngeren Vergangenheit haben erhebliche staatliche Hilfsmaßnahmen sächlicher und finanzieller Art nach sich gezogen. Mitunter haben aber unzureichendes staatliches Wissen über die tatsächlichen Bedarfslagen, kompetenzrechtliche Dysfunktionalitäten, nur begrenzt passende Regelungs- und Verwaltungssysteme, teils unzutreffende Typisierungen und fehlende technische Kanäle zur zielgenauen Auskehrung der Hilfen dazu geführt, dass gebotene Hilfen nur verzögert, gar nicht oder in verfehlter Weise gewährt wurden. Auch der Sachverständigenrat zur Begutachtung der gesamtwirtschaftlichen Entwicklung bemängelte dies und leitete daraus die Forderung ab, dass Finanzhilfen in Zukunft gezielter und sachgerechter geleistet werden müssen.[8]

Die Zukunft wird weitere Krisen mit sich bringen, auch Krisenüberlagerungen und Mehrfachkrisen. Das Gemeinwesen sollte möglichst gut auf die Bewältigung derartiger Krisen vorbereitet werden. Ein wichtiges Element sachgerechter Krisenvorbereitung besteht darin, rechtliche Regelungen und Verwaltungsstrukturen vorzuhalten, die es ermöglichen, effektiv und effizient auf akute Krisensituationen zu reagieren. Dabei geht es nicht nur um die rasche Überwindung finanzieller Notlagen bei gleichzeitiger Vermeidung nicht erforderlicher Haushaltsbelastungen, sondern auch und ganz grundsätzlich darum, drohenden sozialen Verwerfungen in der Gesellschaft und damit Erosionen des Fundaments des demokratischen Zusammenhalts entgegenzuwirken. Ziel des Gutachtens ist es deshalb, zur Entwicklung tragfähiger rechtlicher Strukturen und sinnvoller Instrumente finanzieller Krisenhilfe des Staates beizutragen.

4. Gegenstand, Grenzen und Methodik der Untersuchung

Anschauungsgegenstand der folgenden Untersuchung sind die staatlichen Finanzhilfen, die in Reaktion auf die COVID-19-Pande-

---

[6] Zu den Gesichtspunkten der „Zeitrichtigkeit und Situationsgerechtigkeit" des staatlichen Krisenmanagements *Barczak*, DVBl. 2023, 1036 (1040); *Klement* und *Ludwigs*, in: VVDStRL Bd. 83 (2024) (im Erscheinen).

[7] Im rechtlichen Rahmen ist die Zuständigkeit die Antwort auf die Frage, ob Krisen objektive Sachverhalte oder „Konstruktionen ihrer Beobachter" sind; dazu *Schulze*, Krisen: Das Alarmdilemma, 2011, S. 76; *Orth*, Krise, in: Bermes/Dierse (Hrsg.), Schlüsselbegriffe der Philosophie des 20. Jahrhunderts, 2010, S. 149.

[8] *Sachverständigenrat zur Begutachtung der gesamtwirtschaftlichen Entwicklung*, Jahresgutachten 2022/23, Dezember 2022, Rn. 184 ff.

mie und auf die durch den Krieg Russlands gegen die Ukraine ausgelöste Energiekrise und die einhergehende Inflation geleistet wurden. Darüber hinaus werden die staatlichen Finanzhilfen, die zur Bewältigung der Folgen der Flutkatastrophe 2021 gewährt wurden und werden, als Beispiel für den Umgang mit einer lokalen Krise einbezogen. Die Untersuchung konzentriert sich dabei auf originär staatliche Finanzhilfen. Finanzielle Krisenhilfen, die von der EU bereitgestellt werden[9] oder durch EU-Recht determiniert sind,[10] bleiben außer Betracht.

Sächliche Krisenhilfen des Staates werden insoweit berücksichtigt, als sich die staatliche Kostenübernahme als Äquivalent für eine substantielle, individualbegünstigende finanzielle Krisenhilfe darstellt.

Demgegenüber sind staatliche Entschädigungszahlungen, in Abgrenzung vom leistungsstaatlichen Handeln des Staates, nicht Gegenstand der Untersuchung. Ob und inwieweit krisenbedingte Maßnahmen des Staates tatbestandlich im Sinne des Staatshaftungsrechts sein können,[11] bleibt deshalb außer Betracht.

Schließlich ist klarzustellen, dass sich die Untersuchung ausschließlich auf finanzielle Hilfen zur Bewältigung disruptiver Krisensituationen bezieht,[12] weshalb die allgemeine, zukunftsorientierte Sozialgestaltung mit Finanzmitteln und die Wirtschaftssubventionierung zur Förderung von Investitionen und Transformation nicht Themen der Untersuchung sind.[13]

---

[9] Dies betrifft etwa Finanzhilfen aus dem europäischen COVID-19-Aufbauplan zur Bewältigung der COVID-19-Pandemie, Finanzhilfen im Angesicht der Energiepreisentwicklung (NGEU, REPowerEU etc.) oder auch Finanzhilfen für Deutschland in Höhe von über 612 Mio. Euro aus dem EU-Solidaritätsfonds zum Wiederaufbau nach der Flutkatastrophe 2021.
[10] Siehe beispielsweise die Verordnung (EU) 2022/1854 des Rates vom 6.10. 2022 über Notfallmaßnahmen als Reaktion auf die hohen Energiepreise (ABl. vom 7.10.2022, L261I, S. 1), hinsichtlich des Solidaritätsbeitrags umgesetzt durch das Gesetz zur Einführung eines EU-Energiekrisenbeitrags nach der Verordnung (EU) 2022/1854 (EU-Energiekrisenbeitragsgesetz – EU-EnergieKBG) vom 16.12.2022 (BGBl. 2022 I 2294); zur zweckgebundenen Mittelverwendung Art. 17 der VO.
[11] Siehe etwa *Antweiler*, NVwZ 2020, 584 ff.; *Shirvani*, NVwZ 2020, 1457 ff.; *Berwanger*, NVwZ 2020, 1804 ff.; *Bethge/Dombert*, NordÖR 2020, 329 ff.; *Brenner*, DÖV 2020, 660 ff.; *Becker*, in: Huster/Kingreen (Hrsg.), Handbuch Infektionsschutzrecht, 2. Aufl. 2022, Kap. 9; *Cornils*, Die Verwaltung Bd. 54 (2021), 477 ff.; *Dolde/Marquard*, NVwZ 2021, 674 ff.; *Krönke*, AöR Bd. 146 (2021), 50 ff.; *Marquard*, NVwZ 2022, 814 ff.; *Breuer*, DÖV 2022, 225 ff.
[12] Siehe zur Unterscheidung zwischen Normalzustand und Krisenzustand → I. 2.
[13] Aktuelle Stichworte zu realisierten oder aktuell diskutierten finanzwirksamen Maßnahmen, die ausgeklammert bleiben, sind etwa das Bürgergeld, das reformierte Wohngeld, die Kindergrundsicherung, das Klimageld, die Investitionsprämie oder die verstetigte Industriestrompreisbremse.

Der Blick des Rechtswissenschaftlers richtet sich auf die inhaltlichen und verfahrensbezogenen Regelungen, die staatlichen Finanzhilfen zugrunde liegen, auf ihre Konsistenz und Funktionalität, auf ihre kompetenzrechtliche Fundierung, ihre rechts- und verwaltungssystematische Einbettung und auf ihre Vereinbarkeit mit den verfassungsrechtlichen Maßstäben der Freiheit und Gleichheit. Was eine rechtswissenschaftliche Arbeit demgegenüber nicht zu leisten vermag, ist eine Beurteilung der tatsächlichen Wirkungen krisenbedingter Finanzhilfen. Die gesellschaftlichen und wirtschaftlichen Folgen staatlicher Finanzhilfen zu ermitteln, ist Aufgabe der Sozial- und Wirtschaftswissenschaften.[14]

5. Gang der Untersuchung

Im Anschluss an eine Bestandsaufnahme substantieller kriseninduzierter Finanzhilfen des Staates aus der jüngeren Vergangenheit (II.) werden diese Finanzhilfen systematisch geordnet (III.). Es folgt eine Vergewisserung der verfassungsrechtlichen Maßgaben für staatliche Finanzhilfen in Krisensituationen (IV.), bevor der aufgenommene und systematisierte Bestand an Hilfen anhand dieser Maßgaben kritisch gewürdigt wird, um daraus Zukunftsperspektiven abzuleiten (V.). Weitere Abschnitte sind den Kompetenzfragen im Bundesstaat (VI.), der horizontalen Gewaltenteilung (VII.) und der Finanzierung der staatlichen Finanzhilfen (VIII.) gewidmet. Die Untersuchung schließt mit einer Zusammenfassung in Thesenform (IX.).

II. Bestandsaufnahme wesentlicher krisenbedingter Finanzhilfen des Staates aus der jüngeren Vergangenheit

1. Staatliche Finanzhilfen zur Bewältigung der COVID-19-Pandemie

Von Beginn an standen nicht nur Infektionsschutzmaßnahmen im Mittelpunkt der staatlichen Strategie zur Bewältigung der COVID-19-Pandemie, sondern auch umfangreiche Maßnahmen zur finanziellen Unterstützung der Bürger und der Wirtschaft.[15]

---

[14] Siehe etwa *Sachverständigenrat zur Begutachtung der gesamtwirtschaftlichen Entwicklung*, Die gesamtwirtschaftliche Lage angesichts der Corona-Pandemie, Sondergutachten, 22.3.2020; *ders.*, Jahresgutachten 2022/23, Dezember 2022; die Beiträge von *Schnabel* und *Riphahn*, in: Ständige Deputation des Deutschen Juristentages (Hrsg.), Pandemie und Recht, 2021, S. 70ff. und S. 79ff.

[15] *Voelzke/König*, SGb 2022, 69 (70).

a) Infektionsschutzmaßnahmen – Sächliche Hilfen als Äquivalent finanzieller Hilfe

§ 20i SGB V wurde durch das Dritte Bevölkerungsschutzgesetz[16] um Vorschriften ergänzt, die das Bundesministerium für Gesundheit ermächtigen, im Wege einer Rechtsverordnung einen Anspruch auf **Schutzimpfung gegen das Coronavirus**[17] für GKV-Versicherte und auch für Personen, die nicht in der GKV versichert sind,[18] zu schaffen. Hiervon machte das Bundesministerium für Gesundheit durch Erlass der Coronavirus-Impfverordnung Gebrauch.[19] Das Bundesamt für Soziale Sicherung finanzierte bis 20. Oktober 2023 in Zusammenhang mit den Schutzimpfungen stehende Leistungen in Höhe von 8,15 Mrd. Euro.[20] Hinzu kommen die staatlich getragenen Kosten für den Impfstoff, die sich bis Januar 2023 auf 13,1 Mrd. Euro beliefen.[21]

Im Bereich der **Nachweisverfahren (Corona-Tests)** müssen verdachtsabhängige Testungen im Rahmen einer medizinischen Behandlung von Testungen zur darüber hinausgehenden Gefahrenabwehr unterschieden werden.[22] Während die erstgenannten Testungen schon nach den hergebrachten Vorschriften als Leistung der GKV gesetzlich vorgesehen waren,[23] mussten für die darüber hinausgehenden, verdachtsunabhängigen Testungen neue Regelungen geschaffen werden. Durch das Zweite Bevölkerungsschutzgesetz[24] wurde eine Verordnungsermächtigung in § 20i Abs. 3 SGB V aufgenommen, die es dem Bundesministerium für Gesundheit erlaubte, mittels einer Rechtsverordnung einen Individualanspruch auf verdachtsunabhängige Testung zu schaffen und diesen ebenfalls auf

---

[16] Drittes Gesetz zum Schutz der Bevölkerung bei einer epidemischen Lage von nationaler Tragweite vom 18.11.2020 (BGBl. 2020 I 2397).

[17] Umfassend *Bockholdt*, in: Schlegel/Meßling/Bockholdt, COVID-19 – Corona-Gesetzgebung – Gesundheit und Soziales, 2. Aufl. 2022, § 14 Rn. 52–127.

[18] Kritisch gegenüber der Schaffung des derartigen Anspruchs im Rahmen des SGB V *Kießling*, SGb 2021, 730 ff.

[19] Die Verordnung ist mittlerweile in Form der Fünften Verordnung zur Änderung der Coronavirus-Impfverordnung in Kraft; BAnz AT vom 24.5.2022, V1.

[20] Hierzu zählen die Teilfinanzierung von Impfzentren, die Vergütung für die Impfungen, die Großhandels-/Apothekenvergütung sowie die Kosten für Impf- und Genesenenzertifikate; siehe *Bundesamt für Soziale Sicherung*, https://www.bundesamtsozialesicherung.de.

[21] Die Zahl stammt aus einem Dokument des Bundesministeriums für Gesundheit, das NDR, WDR und SZ vorliegt, aber nicht öffentlich zugänglich ist; siehe https://www.tagesschau.de.

[22] *Bockholdt*, in: Schlegel/Meßling/Bockholdt, COVID-19 – Corona-Gesetzgebung – Gesundheit und Soziales, 2. Aufl. 2022, § 14 Rn. 4.

[23] Eine Testung war als notwendige Behandlung zum Erkennen der Krankheit vom Anspruch auf Krankenbehandlung nach § 27 Abs. 1 Satz 1 SGB V erfasst.

[24] Zweites Gesetz zum Schutz der Bevölkerung bei einer epidemischen Lage von nationaler Tragweite vom 19.5.2020 (BGBl. 2020 I 1018).

nicht gesetzlich versicherte Personen zu erstrecken.[25] Die auf dieser Grundlage erlassene Testverordnung trat am 8. Juni 2020 in Kraft und wurde in der Folge mehrmals neu gefasst.[26] Sie sah zeitweise einen anlassunabhängigen Anspruch auf kostenlose Testung für alle Bürgerinnen und Bürger vor. Insgesamt betrugen die Kosten für die Testungen auf Grundlage der Testverordnung 17,67 Mrd. Euro.[27]

Bestimmte Bevölkerungsgruppen erhielten darüber hinaus einen Anspruch auf die **Ausgabe von Schutzmasken**. Durch das Dritte Bevölkerungsschutzgesetz wurde in § 20i Abs. 3 Satz 2 Nr. 1 lit. c SGB V eine diesbezügliche Verordnungsermächtigung aufgenommen, von der das Bundesministerium für Gesundheit mittels der Coronavirus-Schutzmasken-Verordnung Gebrauch machte.[28] Weil die Ausgabe von Schutzmasken dem Gefahrenabwehrrecht zuzurechnen ist, handelte es sich – wie bei den Schutzimpfungen zugunsten nicht GKV-versicherter Personen und den verdachtsunabhängigen Testungen – um eine versicherungsfremde Leistung.[29] Die im Wesentlichen aus Sozialversicherungsbeiträgen[30] vorfinanzierten Kosten für die Ausgabe der Schutzmasken wurden daher in voller Höhe durch Steuermittel des Bundes erstattet.[31] Die Gesamtkosten für Leistungen auf Grundlage der Coronavirus-Schutzmasken-Verordnung beliefen sich zum 15. September 2023 auf 2,12 Mrd. Euro.[32]

b) Direkte Wirtschaftshilfen für Unternehmen und (Solo-)Selbstständige

Ziel der Hilfsmaßnahmen für die Wirtschaft war es, „Struktur und Substanz der Volkswirtschaft zu erhalten, um nach Ende der Pandemie möglichst schnell wieder auf den ursprünglichen Wachstumspfad zurückzukehren."[33]

---

[25] *Bockholdt*, in: Schlegel/Meßling/Bockholdt, COVID-19 – Corona-Gesetzgebung – Gesundheit und Soziales, 2. Aufl. 2022, § 14 Rn. 14 f. mwN.

[26] Siehe hierzu die Übersicht bei *Bockholdt*, in: Schlegel/Meßling/Bockholdt, COVID-19 – Corona-Gesetzgebung – Gesundheit und Soziales, 2. Aufl. 2022, § 14 Rn. 20 ff.

[27] Siehe *Bundesamt für Soziale Sicherung*, https://www.bundesamtsozialesicherung.de.

[28] Verordnung zum Anspruch auf Schutzmasken zur Vermeidung einer Infektion mit dem Coronavirus SARS-CoV-2 (Coronavirus-Schutzmasken-Verordnung – SchutzmV) vom 14.12.2020 (BAnz. AT vom 15.12.2020, V1).

[29] *Bockholdt*, in: Schlegel/Meßling/Bockholdt, COVID-19 – Corona-Gesetzgebung – Gesundheit und Soziales, 2. Aufl. 2022, § 12 Rn. 83.

[30] Die Finanzierung erfolgte durch die Liquiditätsreserve des Gesundheitsfonds, der hauptsächlich aus Sozialversicherungsbeiträgen besteht.

[31] *Bockholdt*, in: Schlegel/Meßling/Bockholdt, COVID-19 – Corona-Gesetzgebung – Gesundheit und Soziales, 2. Aufl. 2022, § 12 Rn. 83.

[32] *Bundesamt für Soziale Sicherung*, https://www.bundesamtsozialesicherung.de.

[33] *Bundesministerium für Wirtschaft und Klimaschutz*, Überblickspapier Corona-Hilfen, Rückblick-Bilanz-Lessons Learned, 27.6.2022, S. 3, https://www.bmwk.de.

aa) Zuschussprogramme

Als erste Maßnahme zur Überbrückung von Liquiditätsengpässen wurde zu Beginn des Lockdowns im März 2020 durch den Bund ein **Soforthilfeprogramm** für Solo-Selbstständige, Freiberufler sowie Kleinunternehmen (einschließlich Landwirte) mit bis zu zehn Beschäftigten geschaffen.[34] Zwischen März und Mai 2020 wurden Zuschüsse in Höhe von maximal 15.000 Euro pro Monat bewilligt. Das ausgezahlte Fördervolumen betrug insgesamt ca. 13,28 Mrd. Euro.[35]

Abgelöst wurde die Soforthilfe im Frühsommer 2020 durch die **Überbrückungshilfe I** (Juni bis August 2020), einem Bundesprogramm, das branchenübergreifend nach Maßgabe betrieblicher Fixkosten in Abhängigkeit von den Umsatzeinbußen gegenüber dem jeweiligen Vorjahresmonat förderte. Im September 2020 schloss sich mit der **Überbrückungshilfe II** ein weiteres Zuschussprogramm mit nochmals erleichterten Zugangsbedingungen und erhöhten Fördersätzen an.[36]

In Reaktion auf die Betriebsschließungen in den letzten beiden Monaten des Jahres 2020 brachte die Bundesregierung mit den sogenannten **November- und Dezemberhilfen** weitere, außerordentliche Wirtschaftshilfen auf den Weg. Hierdurch erhielten sowohl direkt als auch indirekt von den Schließungen betroffene Unternehmen und Selbstständige (zum Beispiel Gastronomiebetriebe, Hotels und Kultureinrichtungen) einmalige Kostenpauschalen, die sich am Umsatzeinbruch im Vergleich zum entsprechenden Vorjahresmonat orientierten.

Bei grundsätzlicher Beibehaltung der Fördersystematik wurden im Rahmen der **Überbrückungshilfe III** (November 2020 bis Juni 2021) erstmalig branchenspezifische Sonderregelungen geschaffen, um besonders stark betroffene Branchen mit höheren Fördersätzen unterstützen zu können.

Im Juli 2021 schlossen sich mit der **Überbrückungshilfe III Plus** (Juli bis Dezember 2021) und später der **Überbrückungshilfe IV** (Januar bis Juni 2022) weitere zielgerichtete Zuschussprogramme an.[37]

---

[34] Für einen Überblick *Kußmaul/Naumann/Schumann*, StB 2020, 161 (166 ff.); auch zu den bilanziellen Konsequenzen *Zwirner/Vodermeier/Krauß*, DStR 2021, 933 ff.
[35] *Bundesministerium für Wirtschaft und Klimaschutz*, Überblickspapier Corona-Hilfen, Rückblick-Bilanz-Lessons Learned, 27.6.2022, S. 5, https://www.bmwk.de.
[36] Ab einem Umsatzeinbruch von 70 Prozent wurden bis zu 90 Prozent der Fixkosten erstattet. Im Rahmen der Überbrückungshilfe I lag der erstattete Anteil noch bei maximal 80 Prozent. Zudem wurden die für die Förderung erforderlichen Umsatzeinbußen bei der Überbrückungshilfe II deutlich gesenkt.
[37] *Bundesministerium für Wirtschaft und Klimaschutz*, Überblickspapier Corona-Hilfen, Rückblick-Bilanz-Lessons Learned, 27.6.2022, S. 7, https://www.bmwk.de.

Mit der **Neustarthilfe** (Januar bis Juni 2021) wurde ein weiteres Zuschussprogramm geschaffen, das einmalig eine Betriebskostenpauschale in Höhe von 50 Prozent des Umsatzes im zurückliegenden Vergleichszeitraum vorsah.[38] Als sog. **Neustarthilfe Plus** (Juli bis Dezember 2021) und **Neustarthilfe 2022** (Januar bis Juni 2022) wurde das Programm mit leichten Anpassungen zweimalig verlängert.

Darüber hinaus konnten Unternehmen, die weder die Kriterien für Überbrückungs- noch für Neustarthilfe erfüllten, **Härtefallhilfen** (März 2020 bis Juni 2022) beantragen.

Für die Kultur- und Veranstaltungsbranche wurde das **Rettungsprogramm „Neustart Kultur"** mit einem Volumen von 1 Mrd. Euro aufgelegt, mit dem etwa 60 verschiedene Teilprogramme finanziert wurden. Darüber hinaus unterstützte der Bund diesen Bereich durch einen ca. 2,5 Mrd. Euro umfassenden **Sonderfonds für Kulturveranstaltungen**. In ähnlicher Weise wurden der **Sonderfonds des Bundes für Messen und Ausstellungen** und die **Corona-Überbrückungshilfe Profisport** geschaffen.

Die meisten Wirtschaftshilfen dieser Art liefen am 30. Juni 2022 aus. Insgesamt hatten die Zuschussprogramme des Bundes ein Volumen von rund 130 Mrd. Euro. Rechtliche Grundlage waren durchgängig Regierungsentscheidungen und Haushaltstitel, nicht dagegen Sachgesetze. Im Außenverhältnis vollzogen wurden die Programme von den Ländern. Finanziert wurden sie weitgehend durch vom Bund notlagenbedingt aufgenommene Kredite. Daneben legten die Länder eigenständige Hilfsprogramme für Unternehmen und Solo-Selbstständige auf.[39]

bb) Weitere Hilfen

Neben den Zuschussprogrammen setzte die Politik zur Liquiditätssicherung während der Pandemie auf weitere Hilfen wie Kredite, Rekapitalisierungen, Bürgschaften und Garantien.[40]

Ab dem 23. März 2020 konnten Unternehmen jeder Größe im Rahmen des **KfW-Sonderprogramms 2020** Anträge stellen, um Zinserleichterungen und eine verbesserte Risikoübernahme bei Krediten zu erhalten.[41]

---

[38] Neben Solo-Selbstständigen waren auch kleine Kapitalgesellschaften, Genossenschaften und kurzfristig Beschäftigte der darstellenden Künste anspruchsberechtigt. Umfassend zur wirtschaftlichen Situation von Solo-Selbstständigen während der Pandemie *Kersten/Rixen*, Der Verfassungsstaat in der Corona-Krise, 3. Aufl. 2022, S. 271 ff.

[39] *Lohse*, Corona Hilfspakete der Länder, in: Weber, Rechtswörterbuch, 30. Edition 2023.

[40] *Bundesministerium der Finanzen*, Monatsbericht November 2021 („Corona-Unternehmenshilfen – eine vorläufige Bilanz"), S. 27, https://www.bundesfinanzministerium.de.

[41] *BMWi, BMF und KfW*, Gemeinsame Pressemitteilung vom 23.3.2020, https://www.bmwk.de.

Zur Absicherung von Krediten und zur Stärkung des Eigenkapitals von Unternehmen mit erheblicher realwirtschaftlicher Bedeutung wurde der 2008 geschaffene Finanzmarktstabilisierungsfonds[42] im März 2020 zum **Wirtschaftsstabilisierungsfonds (WSF)**, einem unselbständigen Sondervermögen des Bundes mit einem Volumen von 600 Mrd. Euro, weiterentwickelt.[43] Insgesamt konnten bis zum 30. Juni 2022 branchenübergreifend 25 Unternehmen von 33 verschiedenen Fördermaßnahmen mit einem Gesamtvolumen von ca. 9,6 Mrd. Euro profitieren.[44]

Zu den weiteren Hilfen zählten auch **Bürgschaftsprogramme** wie das Bund-Länder-Großbürgschaftsprogramm.[45]

Im Rahmen des **Schutzschirms für Warenkreditversicherungen** in Höhe von 30 Mrd. Euro übernahm der Bund Garantien zugunsten von Kreditversicherern, um sicherzustellen, dass diese trotz hohen Ausfallrisikos weiterhin Deckungszusagen übernehmen.

cc) Schlussabrechnung

Bis Mitte 2022 waren an die 5 Mio. Anträge auf Förderung von Unternehmen, Solo-Selbstständigen und freiberuflich Tätigen bei den zuständigen Stellen eingegangen.[46] Die für diese Anträge erforderlichen Angaben wurden von den Antragstellern überwiegend selbst bereitgestellt und waren teilweise prognostischer Natur.[47] So war es von vornherein vorgesehen, dass sich an die Auszahlung der Hilfen ein Online-Verfahren zur verpflichtenden Schlussabrechnung anschließen würde.[48] Die eingegangenen Schlussabrechnungen werden zunächst einer automatisierten Vorprüfung unterzogen, die einen umfangreichen Abgleich mit Daten der Finanzverwaltung umfasst. Es folgt eine vertiefte Prüfung unter Berücksichtigung der Vorprüfungsergebnisse. Das Verfahren mündet im Erlass von Schlussbescheiden, die Rückforderungen, Nachzahlungen oder Bestätigungen der ausgezahlten Fördermittel vorsehen können.[49]

---

[42] Gesetz zur Umsetzung eines Maßnahmenpakets zur Stabilisierung des Finanzmarktes (Finanzmarktstabilisierungsgesetz – FMStG) vom 17.10.2008 (BGBl. 2008 I 1982).
[43] Gesetz zur Errichtung eines Wirtschaftsstabilisierungsfonds (Wirtschaftsstabilisierungsfondsgesetz – WStFG) vom 27.3.2020 (BGBl. 2020 I 543), das zu Änderungen des Stabilisierungsfondsgesetzes (StFG) führte.
[44] *Bundesministerium der Finanzen*, Monatsbericht August 2022 („Der Wirtschaftsstabilisierungsfonds"), S. 24, https://www.bundesfinanzministerium.de.
[45] *Bundesministerium für Wirtschaft und Klimaschutz*, Überblickspapier Corona-Hilfen, Rückblick-Bilanz-Lessons Learned, 27.6.2022, S. 9, https://www.bmwk.de.
[46] *Zwirner/Vodermeier*, BC 2022, 397 ff.
[47] *Sölter*, NJW 2022, 2644 (2649).
[48] Siehe https://www.ueberbrueckungshilfe-unternehmen.de; *Fehl-Weileder/Schwindl*, NZI 2022, 921 ff.
[49] Aktuell dazu *Schwab*, in: FAZ vom 26.10.2023, S. 18; *Löhr*, in: FAZ vom 3.11.2023, S. 17.

c) Sozialstaatliche Leistungen zur Unterstützung von Privatpersonen

Neben den Wirtschaftshilfen stehen die – durchgängig sachgesetzlich fundierten – sozialstaatlichen Leistungen zur Abmilderung der wirtschaftlichen Pandemiefolgen für Privatpersonen,[50] die im Folgenden im Überblick dargestellt werden.[51]

Der Gesetzgeber reagierte zunächst mit einer **Erleichterung des Zugangs zu Sozialleistungen**. Durch das sog. Sozialschutz-Paket I[52] sollten Leistungen nach dem SGB II (Grundsicherung für Arbeitsuchende), dem dritten Kapitel des SGB XII (Hilfe zum Lebensunterhalt), dem vierten Kapitel des SGB XII (Grundsicherung im Alter und bei Erwerbsminderung) und dem BVG „in einem vereinfachten Verfahren schnell und unbürokratisch zugänglich gemacht werden."[53] So wurde zum Beispiel zwischen dem 1. März 2020 und dem 30. Juni 2020 für den Zugang zu Arbeitslosengeld II und Sozialgeld das Vermögen der Transferleistungsempfänger für die Dauer von sechs Monaten nicht berücksichtigt, sofern dieses nicht erheblich war. Darüber hinaus wurden Antragsverfahren befristet ausgesetzt oder erleichtert.

Daneben standen **weitere Maßnahmen** wie die Verlängerung der maximalen Beschäftigungsdauer im Rahmen einer geringfügigen Beschäftigung (§ 115 SGB IV) und die zeitweise Anhebung der Hinzuverdienstgrenze bei der Altersrente (§ 302 Abs. 8 SGB VI iVm § 34 SGB VI).

Mit dem Sozialschutz-Paket II[54] wurde unter anderem die Bezugsdauer von Arbeitslosengeld einmalig um drei Monate ausgedehnt (§ 421d Abs. 1 SGB III).

Durch das Sozialschutz-Paket III[55] wurde der erleichterte Zugang zu den sozialen Sicherungssystemen bis zum 31. Dezember 2021

---

[50] Zum Zusammenhang von Sozialschutz und Wirtschaftspolitik *Ebsen*, SGb 2022, 1 (2).

[51] Tabellarische Übersicht über die krisenbedingte Sozialgesetzgebung bei *Schlegel/Meßling/Bockholdt*, COVID-19, Corona-Gesetzgebung – Gesundheit und Soziales, 2. Aufl. 2022, § 1 Rn. 34; auch *Kußmaul/Naumann/Schumann*, StB 2020, 161 (169f.); siehe auch *U. Becker u. a. (Hrsg.)*, Existenzsicherung in der Coronakrise: Sozialpolitische Maßnahmen zum Erhalt von Arbeit, Wirtschaft und sozialem Schutz im Rechtsvergleich, MPISoc Working Paper 6/2020.

[52] Gesetz für den erleichterten Zugang zu sozialer Sicherung und zum Einsatz und zur Absicherung sozialer Dienstleister aufgrund des Coronavirus SARS-CoV-2 (Sozialschutz-Paket) vom 27.3.2020 (BGBl. 2020 I 575).

[53] BT-Drs. 19/18107, 2.

[54] Gesetz zu sozialen Maßnahmen zur Bekämpfung der Corona-Pandemie (Sozialschutz-Paket II) vom 20.5.2020 (BGBl. 2020 I 1055).

[55] Gesetz zur Regelung einer Einmalzahlung der Grundsicherungssysteme an erwachsene Leistungsberechtigte und zur Verlängerung des erleichterten Zugangs zu sozialer Sicherung und zur Änderung des Sozialdienstleister-Einsatzgesetzes aus An-

verlängert. Darüber hinaus wurde die Rechtsgrundlage für eine **Einmalzahlung in Höhe von 150 Euro** geschaffen, die **erwachsene Leistungsberechtigte in der Grundsicherung** erhielten. Ferner wurde für jedes zu Kindergeld berechtigende Kind im Jahr 2020 ein **einmaliger Kinderbonus in Höhe von 300 Euro** gewährt. Ein **weiterer Kinderbonus in Höhe von 150 Euro** folgte im Mai 2021.

d) Kurzarbeitergeld

Das Gesetz zur befristeten krisenbedingten Verbesserung der Regelungen für das Kurzarbeitergeld [56] schuf eine befristet geltende Verordnungsermächtigung (§ 109 Abs. 5 SGB III), die es erlaubte, durch Rechtsverordnung den **Zugang zum Kurzarbeitergeld zu erleichtern**. Hiervon machte die Bundesregierung am 25. März 2020 mit dem Erlass der Kurzarbeitergeldverordnung (KugV) Gebrauch.[57]

Während es im Verlauf der COVID-19-Pandemie insgesamt kaum zu einer Erhöhung bestehender Sozialleistungen kam,[58] wurde das **Kurzarbeitergeld** durch das Sozialschutz-Paket II **vorübergehend deutlich erhöht** (§ 421c Abs. 2 SGB III). Die maximale Bezugsdauer wurde mehrfach ausgeweitet.[59]

Die Regelungen über den erleichterten Zugang zum Kurzarbeitergeld wurden immer wieder verlängert.[60] Zum 30. Juni 2023 liefen sie endgültig aus. Insgesamt beliefen sich die Kosten für die coronabedingte Inanspruchnahme des Kurzarbeitergelds auf ca. 46 Mrd. Euro.[61]

e) Steuerrechtliche Maßnahmen

Mit den Instrumenten des Steuerrechts sollten während der COVID-19-Pandemie zum einen Liquiditätsengpässe vermieden, zum anderen Anreize für einen konjunkturellen Aufschwung gesetzt werden.[62]

---

lass der COVID-19-Pandemie (Sozialschutz-Paket III) vom 10.3.2021 (BGBl. 2021 I 335).
[56] BGBl. 2020 I 493; dazu *Wagner/Weber*, DStR 2020, 745 (748).
[57] BGBl. 2020 I 595.
[58] *Voelzke/König*, SGb 2022, 69 (71); vgl. die Darstellung soeben oben.
[59] Durch die Zweite Kurzarbeitergeldbezugsdauerverordnung vom 12.10.2020 (BGBl. 2020 I 2165) auf bis zu 24 Monate.
[60] Zuletzt Verordnung über den erweiterten Zugang zum Kurzarbeitergeld vom 19.12.2022 (BAnz AT vom 21.12.2022).
[61] Interview mit Detlef Scheele („Das Bürgergeld ist kein Freifahrtschein"), Rheinische Post vom 19.2.2022, https://rp-online.de.
[62] *Hey*, NJW 2021, 2777 (2778).

Schon im März 2020[63] trafen die Finanzverwaltungen und später auch die Gesetzgeber des Bundes und der Länder umfangreiche Maßnahmen verfahrensrechtlicher Art.[64] Fällige **Steuerzahlungen wurden auf Antrag grundsätzlich bis zum 30. September 2021 zinslos gestundet.** Zudem wurden **Steuervorauszahlungen herabgesetzt** (§ 110 EStG) und **Vollstreckungsmaßnahmen** auf Antrag **ausgesetzt.** Die **Fristen für die Abgabe von Steuererklärungen** wurden **verlängert** (§ 36 EGAO).[65]

Darüber hinaus führten insgesamt vier Corona-Steuerhilfegesetze und weitere Gesetze zu einer Vielzahl materiell-rechtlicher Änderungen und Neuerungen des Steuerrechts.[66]

So wurde der **Umsatzsteuersatz für Restaurant- und Verpflegungsdienstleistungen** mit der Ausnahme von Getränken durch das Erste Corona-Steuerhilfegesetz[67] temporär **von 19 auf 7 Prozent reduziert.** Die Steuersatzsenkung wurde bis zum 31. Dezember 2023 verlängert.[68]

Arbeitgebern war es nach § 3 Nr. 11a EStG möglich, ihren Arbeitnehmern zwischen dem **1. März 2020 und dem 31. Dezember 2020 Zuschüsse und Sachbezüge bis zu einem Betrag von 1.500 Euro steuerfrei zu gewähren.** Zudem wurden die von ihnen gezahlten **Zuschüsse zum Kurzarbeitergeld steuerlich begünstigt** (§ 3 Nr. 28a EStG).

Mit dem Zweiten Corona-Steuerhilfegesetz[69] wurde die Umsatzsteuersenkung für die zweite Hälfte des Jahres 2020 auf alle Bereiche ausgeweitet.

Der **Entlastungsbetrag für Alleinerziehende** (§ 24b EStG) wurde von 1.908 Euro auf 4.008 Euro angehoben.

Der **einkommensteuerliche Verlustrücktrag** (§ 10d EStG) wurde für die Jahre 2020 und 2021 auf 5 Mio. Euro bzw. bei Zusammenveranlagung auf 10 Mio. Euro **erweitert.**[70] Gleichzeitig wurde es

---

[63] Ausführlich zu den steuerlichen Sofortmaßnahmen *Mick/Dyckmans/Klein*, CO-VuR 2020, 235 ff.; *Kußmaul/Naumann/Schumann*, StB 2020, 161 (161 ff.).
[64] *Wagner/Weber*, DStR 2020, 745 (745 f.)..
[65] Hierzu *Bundesministerium der Finanzen*, Monatsbericht August 2021 („Beitrag des Steuerrechts zur Bewältigung der Folgen der Corona-Pandemie"), S. 17 ff., https://www.bundesfinanzministerium.de.
[66] Umfassend *Nürnberg*, Corona (COVID-19) – Steuerliche Hilfsmaßnahmen, in: Beck'sches Steuer- und Bilanzrechtslexikon, 63. Ed., Stand: 1.4.2023, Rn. 1 ff.
[67] Gesetz zur Umsetzung steuerlicher Hilfsmaßnahmen zur Bewältigung der Corona-Krise (Corona-Steuerhilfegesetz) vom 19.6.2020 (BGBl. 2020 I 1385).
[68] Verlängerung durch das Achte Gesetz zur Änderung von Verbrauchsteuergesetzen vom 24.10.2022 (BGBl. 2022 I 1838).
[69] Zweites Gesetz zur Umsetzung steuerlicher Hilfsmaßnahmen zur Bewältigung der Corona-Krise (Zweites Corona-Steuerhilfegesetz) vom 29.6.2020 (BGBl. 2020 I 1512).
[70] Dazu *Hey*, DStR 2020, 2041 ff.

ermöglicht, den künftigen Verlustrücktrag bereits im Rahmen der Steuererklärungen für den VZ 2019 bzw. 2020 finanz- und liquiditätswirksam zu machen (§ 111 EStG). Durch das Dritte Corona-Steuerhilfegesetz[71] wurde der Rücktrag auf 10 bzw. 20 Mio. Euro erhöht. Mit dem Vierten Corona-Steuerhilfegesetz[72] wurde die erweiterte Verlustverrechnung bis Ende 2023 verlängert.

Mit dem Jahressteuergesetz 2020 führte der Gesetzgeber die sogenannte **Homeoffice-Pauschale** ein. Anfänglich war vorgesehen, dass hierdurch in den Jahren 2020 und 2021 eine Pauschale von 5 Euro pro Tag, maximal jedoch 600 Euro im Kalenderjahr, steuerlich geltend gemacht werden kann, sofern betriebliche oder berufliche Tätigkeiten ausschließlich in der häuslichen Wohnung ausgeübt werden (§ 4 Abs. 5 Satz 1 Nr. 6b EStG aF). Mittlerweile wurde die Homeoffice-Pauschale entfristet und auf 6 Euro pro Tag, maximal 1.260 Euro im Kalenderjahr, erhöht; zudem greift sie auch bei Tätigkeiten, die überwiegend zu Hause ausgeübt werden (§ 4 Abs. 5 Satz 1 Nr. 6c EStG).[73]

2. Staatliche Finanzhilfen zur Bewältigung der Energiekrise und der Inflation

Noch bevor die letzten Maßnahmen zur Bewältigung der Folgen der COVID-19-Pandemie ausliefen, bahnte sich eine neue Großkrise an. Bereits am 23. Februar 2022, einen Tag vor Beginn des russischen Angriffskrieges gegen die Ukraine, einigte sich der Koalitionsausschuss auf „10 Entlastungsschritte für unser Land",[74] mit denen auf die im Zuge der Zuspitzung des Konflikts stark gestiegenen Energiepreise und auch auf die Inflation[75] reagiert werden sollte. Im weiteren Verlauf der Krise wurden insgesamt drei sogenannte Entlastungspakete (a) und b)) zusammengestellt und ein sogenannter Wirtschaftlicher Abwehrschirm (c)) geschaffen. Die hierin gebündelten, vielfältigen Unterstützungsmaßnahmen haben ein Gesamtvolumen von rund 300 Mrd. Euro.[76]

---

[71] Drittes Gesetz zur Umsetzung steuerlicher Hilfsmaßnahmen zur Bewältigung der Corona-Krise (Drittes Corona-Steuerhilfegesetz) vom 10.3.2021 (BGBl. 2021 I 330).

[72] Viertes Gesetz zur Umsetzung steuerlicher Hilfsmaßnahmen zur Bewältigung der Corona-Krise (Viertes Corona-Steuerhilfegesetz) vom 19.6.2022 (BGBl. 2022 I 911); dazu *Bergan*, DStR 2022, 1233 ff.

[73] Jahressteuergesetz 2022 (JStG 2022) vom 16.12.2022 (BGBl. 2022 I 2294).

[74] Ergebnis des Koalitionsausschusses vom 23.2.2022, https://www.spd.de.

[75] In welchem genauen Umfang die Inflation auf die Energiepreisentwicklung oder auch auf andere Faktoren wie die Geldmengenausdehnung durch die EZB zurückzuführen ist, kann dabei dahinstehen.

[76] *Bundesministerium der Finanzen*, Entlastungen für Deutschland – Wie sie wirken, März 2023, https://www.bundesfinanzministerium.de.

a) Die Entlastungspakete I und II

Die Entlastungspakete I und II wurden im Februar und März 2022 von der Bundesregierung beschlossen und durchgängig in Gesetzesform umgesetzt. Mit dem ersten Paket wollte man auf die bereits gestiegenen Energiekosten, zusätzlich auch auf die noch andauernden wirtschaftlichen Folgen der COVID-19-Pandemie reagieren.[77] Das zweite Entlastungspaket wurde dann unter dem Eindruck weiter steigender Energiepreise in Folge des russischen Angriffskrieges gegen die Ukraine verabschiedet.[78]

aa) Sozialstaatliche Leistungen zur Unterstützung von Privatpersonen

Das Entlastungspaket I enthielt einen **ersten Heizkostenzuschuss für bedürftige Personengruppen**.[79] Zum Kreis der Anspruchsberechtigten zählten Bezieher von Wohngeld, BAföG und weiteren Bildungsförderungen. Die Höhe der Einmalzahlung betrug für Wohngeldhaushalte mindestens 270 Euro und für Empfängerinnen und Empfänger von Ausbildungsförderung 230 Euro.

Darüber hinaus wurden im Juli 2022 Einmalzahlungen in Höhe von 200 Euro für Empfängerinnen und Empfänger von Arbeitslosengeld II, Sozialhilfe oder Grundsicherung[80] und in Höhe von 100 Euro für Bezieher von Arbeitslosengeld[81] veranlasst.

Durch das Steuerentlastungsgesetz 2022[82] wurde das Kindergeld im Juli 2022 um eine Sonderzahlung in Höhe von 100 Euro erhöht („**Kinderbonus**"). Familien mit einem geringen Einkommen erhielten ab Juli 2022 zusätzlich einen monatlichen **Kindersofortzuschlag in Höhe von 20 Euro**.[83]

Daneben steht die durch das Steuerentlastungsgesetz 2022 eingeführte **Energiepreispauschale für Erwerbstätige** (§§ 112–122 EStG). Anspruch auf die Einmalzahlung in Höhe von 300 Euro[84] hatten

---

[77] *Lay/Peichel*, ifo Schnelldienst 11/2022, S. 3 (3).
[78] *Lay/Peichel*, ifo Schnelldienst 11/2022, S. 3 (4).
[79] Gesetz zur Gewährung eines einmaligen Heizkostenzuschusses aufgrund stark gestiegener Energiekosten (Heizkostenzuschussgesetz – HeizkZuschG) vom 29.4.2022 (BGBl. 2022 I 698).
[80] § 73 SGB II, § 144 SGB XII, § 17 AsylbLG und § 88d BVG, eingefügt durch das Gesetz zur Regelung eines Sofortzuschlages und einer Einmalzahlung in den sozialen Mindestsicherungssystemen sowie zur Änderung des Finanzausgleichsgesetzes und weiterer Gesetze vom 23.5.2022 (BGBl. 2022 I 760).
[81] § 421d Abs. 4 SGB III, eingefügt durch das gleiche Gesetz.
[82] Steuerentlastungsgesetz 2022 vom 23.5.2022 (BGBl. 2022 I 749).
[83] Ebenfalls eingeführt durch das Gesetz zur Regelung eines Sofortzuschlages und einer Einmalzahlung in den sozialen Mindestsicherungssystemen sowie zur Änderung des Finanzausgleichsgesetzes und weiterer Gesetze vom 23.5.2022 (BGBl. 2022 I 760).
[84] Der Anspruch entstand am 1.9.2022 (§ 114 EStG).

„aktiv tätige Erwerbspersonen"[85] (§ 113 EStG). Den Arbeitnehmern als größter Gruppe der Anspruchsberechtigten wurde die Pauschale zusammen mit der Lohnzahlung durch die Arbeitgeber ausgezahlt (§ 117 EStG). Bei selbständiger Erwerbstätigkeit konnte die Pauschale durch Verrechnung mit der Einkommensteuervorauszahlung (§ 118 EStG) oder im Rahmen der Einkommensteuerveranlagung (§§ 115 f. EStG) gewährt werden. Mit der Einmalzahlung wollte der Gesetzgeber einen „Ausgleich für die kurzfristig und drastisch gestiegenen erwerbsbedingten Wegeaufwendungen" schaffen.[86] Um diesen Ausgleich „sozial ausgewogen" zu gestalten, wurde die Energiepreispauschale für Erwerbstätige steuerpflichtig gestellt (§ 119 EStG).[87] In der Sache handelt es sich bei der Pauschale um eine Sozialleistung.[88]

bb) Steuerrechtliche Maßnahmen

Durch das Steuerentlastungsgesetz 2022 wurden bei der Einkommensteuer der **Grundfreibetrag** um 363 Euro auf 10.347 Euro und der **Arbeitnehmerpauschbetrag** um 200 Euro auf 1.200 Euro **angehoben**. Gleichzeitig wurde die **Entfernungspauschale für Fernpendler** ab dem 21. Kilometer von 35 auf 38 Cent **erhöht**.

Daneben sah das Entlastungspaket II den sogenannten **Tankrabatt** vor,[89] eine dreimonatige Senkung der Energiesteuer für Kraftstoffe auf den durch die EU-Energiesteuerrichtlinie[90] festgesetzten Mindestsatz.

cc) Weitere Maßnahmen

Flankierend trat die befristete Einführung des **9-Euro-Tickets** hinzu,[91] einem auf die Monate Juni bis August 2022 beschränkten Sonderangebot für Monatstickets im deutschlandweiten öffentlichen Personennahverkehr (ÖPNV). Hierdurch sollte zugleich ein „Anreiz zum Umstieg auf den ÖPNV und zur Energieeinsparung" ge-

---

[85] BT-Drs. 20/1765, 23.
[86] BT-Drs. 20/1765, 23.
[87] BT-Drs. 20/1765, 23; bei Anwendbarkeit des Spitzensteuersatzes verbleiben noch rund 160 Euro; *Schober*, in: Herrmann/Heuer/Raupach, EStG/KStG, 318. EL 5/2023, Vorb. zu §§ 112–122 Rn. 2.
[88] *Bergan*, DStR 2022, 1017 (1019); *Mohnke/Plum*, DB 2022, M14; *Oertel*, in: Kirchhof/Seer, Einkommensteuergesetz, 22. Aufl. 2023, § 122 Rn. 3; *Zapf*, BB 2022, 1623 (1625).
[89] Gesetz zur Änderung des Energiesteuerrechts zur temporären Absenkung der Energiesteuer für Kraftstoffe (Energiesteuersenkungsgesetz – EnergieStSenkG) vom 24.5.2022 (BGBl. 2022 I 810).
[90] Richtlinie 2003/96/EG des Rates vom 27.10.2003 zur Restrukturierung der gemeinschaftlichen Rahmenvorschriften zur Besteuerung von Energieerzeugnissen und elektrischem Strom.
[91] Siebtes Gesetz zur Änderung des Regionalisierungsgesetzes (7. RegGÄndG) vom 25.5.2022 (BGBl. 2022 I 812).

setzt werden.[92] Finanziert wurde die Maßnahme durch den Bund im Wege der Erhöhung von Regionalisierungsmitteln im Umfang von 2,5 Mrd. Euro.[93]

Ebenfalls zur finanziellen Entlastung privater Haushalte trug der **Wegfall der EEG-Umlage** zum 1. Juli 2022 bei.[94]

b) Das Entlastungspaket III

Mit dem dritten Entlastungspaket von September 2022[95] reagierte der Koalitionsausschuss auf die über den Sommer weiter stark gestiegenen Energie- und auch Nahrungspreise sowie allgemein auf die weiter steigende Inflationsrate.[96] Auch die Maßnahmen dieses Pakets wurden durchgängig in Gesetzesform überbracht.

aa) Sozialstaatliche Leistungen zur Unterstützung von Privatpersonen

Eine **Energiepreispauschale** wurde nun auch für **Rentnerinnen und Rentner sowie Versorgungsbezieher des Bundes** eingeführt.[97] Die Pauschale in Höhe von 300 Euro wurde im Dezember 2022 automatisch durch die zuständigen Rentenzahlstellen ausgezahlt. Auch diese Leistung wurde, um sie sozial ausgewogen zu gestalten, durch das Jahressteuergesetz 2022[98] einkommensteuerbar gestellt (§ 22 Nr. 1 Satz 3 lit. c, § 19 Abs. 3 EStG).

Schwieriger gestaltete sich die Auszahlung der ebenfalls beschlossenen **Energiepreispauschale** für die Gruppe der **Studierenden und Fachschülerinnen und Fachschüler** in Höhe von 200 Euro,[99] für die ein gesondertes Antragsverfahren geschaffen wurde. Die für den Vollzug zuständigen Länder entschieden sich, zur Anspruchserfüllung eine gemeinsame digitale Antragsplattform als Projekt nach dem Onlinezugangsgesetz (OZG) einzurichten.

---

[92] BT-Drs. 20/1739, 10.
[93] BT-Drs. 20/1739, 10.
[94] Gesetz zur Absenkung der Kostenbelastungen durch die EEG-Umlage und zur Weitergabe dieser Absenkung an die Letztverbraucher vom 23.5.2022 (BGBl. 2022 I 747).
[95] Ergebnis des Koalitionsausschusses vom 3.9.2022, https://www.spd.de.
[96] *Lay/Peichel*, ifo Schnelldienst 11/2022, S. 3 (4).
[97] Gesetz zur Zahlung einer Energiepreispauschale an Renten- und Versorgungsbeziehende und zur Erweiterung des Übergangsbereichs vom 7.11.2022 (BGBl. 2022 I 1985). Für Versorgungsbeziehende der Länder wurden entsprechende Programme aufgelegt.
[98] Jahressteuergesetz 2022 (JStG 2022) vom 16.12.2022 (BGBl. 2022 I 2294).
[99] Gesetz zur Zahlung einer einmaligen Energiepreispauschale für Studierende, Fachschülerinnen und Fachschüler sowie Berufsfachschülerinnen und Berufsfachschüler in Bildungsgängen mit dem Ziel eines mindestens zweijährigen berufsqualifizierenden Abschlusses (Studierenden-Energiepreispauschalengesetz – EPPSG) vom 16.12.2022 (BGBl. 2022 I 2357).

Darüber hinaus umfasste das dritte Entlastungspaket einen **zweiten Heizkostenzuschuss für bedürftige Personengruppen** in Höhe von mindestens 415 Euro für Wohngeld-Haushalte und 345 Euro für Bezieher von Ausbildungsförderung.[100]

Die **Midijob-Grenze** wurde auf 2.000 Euro **angehoben**.[101]

Zur Entlastung von Familien wurden sowohl das **Kindergeld** als auch der **Kinderzuschlag**, den Familien mit geringem Einkommen zusätzlich beantragen können, auf 250 Euro **erhöht**.

Zwei weitere sozialpolitische Vorhaben, auf die sich die Ampel-Koalition bereits in ihrem Koalitionsvertrag von Dezember 2021 geeinigt hatte, sind formal ebenfalls in das dritte Entlastungspaket einbezogen, haben aber keinen Krisenbezug, sondern sind langfristig und allgemein sozialgestaltend angelegt:[102] das **Bürgergeld**[103] und das reformierte **Wohngeld**.[104] Die Einbeziehung in das dritte Entlastungspaket ist deshalb kritisch zu sehen.[105]

bb) Steuerrechtliche Maßnahmen

Auf steuerrechtlichem Gebiet[106] wurde durch das Jahressteuergesetz 2022 der **Sparer-Pauschbetrag** auf 1.000 Euro (2.000 Euro bei Ehe- und Lebenspartnern) **erhöht**. Die durch das gleiche Gesetz **erhöhte und entfristete Homeoffice-Pauschale** wurde bereits im Zusammenhang der COVID-19-Pandemie beleuchtet.[107] Entsprechendes gilt für die **Verlängerung der Umsatzsteuerermäßigung für Gastronomiebetriebe** bis zum 31. Dezember 2023.[108]

Des Weiteren wurde die Einführung einer **Inflationsausgleichsprämie** beschlossen.[109] Hiernach können Arbeitgeber ihren Beschäftigten im Zeitraum zwischen dem 26. Oktober 2022 und dem

---

[100] Gesetz zur Änderung des Heizkostenzuschussgesetzes und des Elften Buches Sozialgesetzbuch vom 9.11.2022 (BGBl. 2022 I 2018).

[101] Gesetz zur Zahlung einer Energiepreispauschale an Renten- und Versorgungsbeziehende und zur Erweiterung des Übergangsbereichs vom 7.11.2022 (BGBl. 2022 I 1985).

[102] Siehe zur Eingrenzung des Krisenbegriffs → I. 1. und I. 2. aE.

[103] Zwölftes Gesetz zur Änderung des Zweiten Buches Sozialgesetzbuch und anderer Gesetze – Einführung eines Bürgergeldes (Bürgergeld-Gesetz) vom 16.12.2022 (BGBl. 2022 I 2328).

[104] Gesetz zur Erhöhung des Wohngeldes und zur Änderung anderer Vorschriften (Wohngeld-Plus-Gesetz) vom 5.12.2022 (BGBl. 2022 I 2160); näher dazu *Ekardt/Rath*, NZS 2023, 206 (208 f.).

[105] Ebenso *Hentze*, ifo Schnelldienst 11/2022, S. 7 (8); demgegenüber *Ekardt/Rath*, NZS 2023, 206 (209 ff.).

[106] Umfassend zur Steuerpolitik in der zweiten Hälfte des Jahres 2022 *Wünnemann*, Ubg 2022, 619 ff.

[107] → II. 1. e).

[108] → II. 1. e).

[109] Eingefügt durch Art. 3 des Gesetzes zur temporären Senkung des Umsatzsteuersatzes auf Gaslieferungen über das Erdgasnetz vom 19.10.2022 (BGBl. 2022 I 1743).

31. Dezember 2024 auf freiwilliger Basis steuerfrei einen Betrag in Höhe von 3.000 Euro zur Abmilderung der gestiegenen Verbraucherpreise gewähren (§ 3 Nr. 11c EStG).

Um inflationsbedingten schleichenden Steuererhöhungen („kalte Progression") entgegenzuwirken, wurden durch das Inflationsausgleichsgesetz[110] der **Grundfreibetrag erhöht** und die **Eckwerte des Einkommensteuertarifs angepasst**.[111] Zudem wurde der **Kinderfreibetrag** rückwirkend zum 1. Januar 2022 um 160 Euro, zum 1. Januar 2023 um 404 Euro und zum 1. Januar 2024 um weitere 360 Euro **angehoben**. Entsprechend bewirkte das Inflationsausgleichsgesetz eine **Anhebung der Freigrenze beim Solidaritätszuschlag**.

cc) Weitere Maßnahmen

Seit Mai 2023 ist das sogenannte **Deutschland- oder 49-Euro-Ticket** als Nachfolger des Neun-Euro-Tickets verfügbar. Die föderale Finanzierungsverantwortung[112] wurde durch das Neunte Gesetz zur Änderung des Regionalisierungsgesetzes[113] geregelt.

Die ursprünglich zum Jahresbeginn 2023 **geplante CO_2-Preiserhöhung** um fünf Euro pro Tonne wurde **um ein Jahr** auf den 1. Januar 2024 verschoben.[114] Die Entlastungswirkung soll ein Volumen von rund 1,5 Mrd. Euro haben.[115]

c) Der Wirtschaftliche Abwehrschirm

Über die Entlastungspakete I bis III hinaus sah die Bundesregierung Anlass, zusätzlich gezielt diejenigen zu unterstützen, die unmittelbar von den stark gestiegenen Energiekosten betroffen waren. Der Erdgaspreis war seit Herbst 2021 drastisch gestiegen und erreichte 2022 im Großhandel neue Maximalwerte.[116] Entsprechendes galt für Strom. So entschied sich die Bundesregierung im September 2022 dafür, mit dem sogenannten „Doppel-Wumms",[117] einem Ener-

---

[110] Gesetz zum Ausgleich der Inflation durch einen fairen Einkommensteuertarif sowie zur Anpassung weiterer steuerlicher Regelungen (Inflationsausgleichsgesetz – InflAusG) vom 8.12.2022 (BGBl. 2022 I 2230).

[111] Zum verfassungsrechtlichen Rahmen für den Ausgleich der kalten Progression *Waldhoff*, FR 2023, 485 ff.

[112] Ausführlich zur Finanzierung des Deutschlandtickets *Mietzsch*, IR 2023, 101 ff.; *Oebbecke*, NVwZ 2023, 895 ff.

[113] Neuntes Gesetz zur Änderung des Regionalisierungsgesetzes vom 20.4.2023 (BGBl. 2023 I Nr. 107).

[114] Umgesetzt durch das Zweite Gesetz zur Änderung des Brennstoffemissionshandelsgesetzes vom 9.11.2022 (BGBl. 2022 I 2006).

[115] BT-Drs. 20/4096, 11.

[116] *Sachverständigenrat zur Begutachtung der gesamtwirtschaftlichen Entwicklung*, Jahresgutachten 2022/23, Dezember 2022, Rn. 8 sowie S. 225 Abb. 76.

[117] Der Begriff wurde von Bundeskanzler *Olaf Scholz* während einer Pressekonferenz am 29.9.2022 geprägt.

giekostendämpfungsprogramm für Wirtschaft und Private, zu reagieren. Das Programm wurde weitgehend sachgesetzlich ausgestaltet. Zur Finanzierung wurde ein mit Notlagen-Kreditermächtigungen[118] in Höhe von 200 Mrd. Euro ausgestatteter **Wirtschaftlicher Abwehrschirm** eingerichtet.[119] Technisch handelte es sich um eine erweiterte Funktionszuweisung an den **Wirtschaftsstabilisierungsfonds (WSF)**.[120] Wesentliche durch den Fonds finanzierte Instrumente sind die Gas- und Wärmepreisbremse und die Strompreisbremse.[121]

Die **Gas- und Wärmepreisbremse** ist im Erdgas-Wärme-Preisbremsengesetz[122] geregelt. Sie trat an die Stelle der ursprünglich geplanten, aber stark kritisierten und schließlich aufgegebenen Gasumlage. Vorgesehen ist, dass private Haushalte, kleine und mittlere Unternehmen sowie Pflege-, Forschungs- und Bildungseinrichtungen Gas und Fernwärme für einen gedeckelten Preis erhalten. Die Vergünstigung wird den Endverbrauchern durch ihre Energieversorger automatisch gewährt, die ihrerseits einen Erstattungsanspruch gegen die Bundesrepublik Deutschland haben. Um Anreize zum Energiesparen zu schaffen,[123] werden lediglich 80 Prozent des Vorjahresverbrauchs subventioniert. Industriekunden mit einem Jahresverbrauch von mehr als 1,5 Mio. kWh erhalten andere Rabatte. Die Gas- und Wärmepreisbremse galt seit dem 1. März 2023,[124] wobei rückwirkend Entlastungsbeträge für Januar und Februar 2023 gewährt wurden. Der Preisdeckel war zunächst bis Ende 2023 befristet, wurde sodann aber bis zum 30. April 2024 verlängert.[125] Aufgrund der Konsequenzen aus dem Urteil des Bundesverfassungsgerichts vom 15. November 2023[126] für den WSF wurde die Verlängerung schließlich wieder gestrichen.

Darüber hinaus war bereits im Dezember 2022 privaten Verbrauchern von Gas oder Wärme sowie Unternehmen bis zu einem

---

[118] Entsprechend fasste der Deutsche Bundestag am 18.10.2022 einen auf das Jahr 2022 bezogenen Notlagenbeschluss gemäß Art. 115 Abs. 2 Satz 6 GG; BT-Drs. 20/4058 vom 18.10.2022.
[119] Zum Wirtschaftlichen Abwehrschirm *Holle/Linnartz*, NJW 2023, 801 (805 f.).
[120] Neu eingefügt wurden insbesondere die §§ 26a bis 26g StFG durch das Gesetz zur Änderung des Stabilisierungsfondsgesetzes zur Reaktivierung und Neuausrichtung des Wirtschaftsstabilisierungsfonds vom 28.10.2022 (BGBl. 2022 I 1902).
[121] Zu beiden Maßnahmen *Rath/Ekardt*, NVwZ 2023, 293 (295 ff.).
[122] Eingeführt durch Art. 1 des Gesetzes zur Einführung von Preisbremsen für leitungsgebundenes Erdgas und Wärme und zur Änderung weiterer Vorschriften vom 20.12.2022 (BGBl. 2022 I 2560).
[123] BT-Drs. 20/4683, 54.
[124] Für Vielverbraucher aus der Industrie gilt sie bereits seit dem 1.1.2023.
[125] BT-Drs. 20/9062; die EU-Kommission hat der Verlängerung beihilfenrechtlich zugestimmt.
[126] BVerfG, NJW 2023, 3775 ff.

Jahresverbrauch von 1,5 Mio. kWh eine einmalige Entlastung zur „finanziellen Überbrückung bis zur regulären Einführung der Gaspreisbremse"[127] gewährt worden.[128] Im Rahmen dieser **Dezember-Soforthilfe** entfiel die für Dezember 2022 an die Erdgaslieferanten zu leistende Rate. Die Lieferanten wurden wiederum entschädigt. In §§ 123–126 EStG wurde die Einkommensbesteuerung dieser Soforthilfe vorgesehen.[129] Nachdem die tatsächliche Höhe der Dezember-Soforthilfe deutlich niedriger ausfiel als erwartet, das Aufkommen aus der Besteuerung der Hilfe also überschaubar sein würde, der Vollzugsaufwand für die Finanzverwaltungen demgegenüber ganz erheblich wäre,[130] wurden die §§ 123–126 EStG im Dezember 2023 wieder gestrichen.[131]

Für Bezieher von anderen Heizstoffen wie Heizöl oder Holzpellets wurden **Härtefallhilfen** eingerichtet. Die Programme für Privathaushalte wurden durch die Länder näher ausgestaltet und mit Mitteln in Höhe von 1,8 Mrd. Euro aus dem WSF unterlegt.[132]

Um auch die stark gestiegenen Stromkosten finanziell abzufedern, wurde neben der Gas- und Wärmepreisbremse eine im Wesentlichen gleich strukturierte **Strompreisbremse** eingeführt,[133] die im Ergebnis ebenfalls Ende 2023 auslief.

Darüber hinaus wurde in § 24b EnWG ein Bundeszuschuss in Höhe von 12,84 Mrd. Euro vorgesehen, um die für 2023 durch die Netzbetreiber prognostizierte **Erhöhung der Übertragungsnetzentgelte** auszugleichen und die Entgelte im Ergebnis auf dem Vorjahresniveau zu **stabilisieren**.[134]

---

[127] BT-Drs. 20/4373, 24.
[128] Erdgas-Wärme-Soforthilfegesetz (EWSG), eingeführt durch Art. 3 des Gesetzes über die Feststellung des Wirtschaftsplans des ERP-Sondervermögens für das Jahr 2023 und über eine Soforthilfe für Letztverbraucher von leitungsgebundenem Erdgas und Kunden von Wärme vom 15.11.2022 (BGBl. 2022 I 2035).
[129] Eingeführt durch das Jahressteuergesetz 2022 (JStG 2022) vom 16.12.2022 (BGBl. 2022 I 2294).
[130] Es wird mit einem Aufkommen in Höhe von ca. 90 Mio. Euro gerechnet, demgegenüber mit Verwaltungskosten in Höhe von ca. 261 Mio. Euro; dazu *Schäfers*, in: FAZ vom 22.6.2023 („Die Gasabschlag-Steuer wird zum dicken Verlustgeschäft").
[131] Art. 19 des Gesetzes zur Förderung geordneter Kreditzweitmärkte und zur Umsetzung der Richtlinie (EU) 2021/2167 über Kreditdienstleister und Kreditkäufer sowie zur Änderung weiterer finanzrechtlicher Bestimmungen (Kreditzweitmarktförderungsgesetz) vom 22.12.2023 (BGBl. 2023 I Nr. 411).
[132] Vgl. *Bundesministerium für Wirtschaft und Klimaschutz*, Pressemitteilung vom 30.3.2023, https://www.bmwk.de.
[133] Strompreisbremsegesetz (StromPBG), eingeführt durch Art. 1 des Gesetzes zur Einführung einer Strompreisbremse und zur Änderung weiterer energierechtlicher Bestimmungen vom 20.12.2022 (BGBl. 2022 I 2512); dazu auch *Glattfeld/Rath*, EnK-Aktuell 2022, 01122.
[134] Vgl. BT-Drs. 20/4685, 122.

Über die Energiepreisbremsen hinaus zählt die Bundesregierung auch die **Reduzierung der Umsatzsteuer auf Gas** zum Wirtschaftlichen Abwehrschirm gegen die Folgen des russischen Angriffskrieges.[135] Der Umsatzsteuersatz auf Gaslieferungen über das Erdgasnetz wurde rückwirkend ab dem 1. Oktober 2022 bis Ende 2023 von 19 auf 7 Prozent gesenkt.[136] Im Gesetzgebungsverfahren wurde die Umsatzsteuersenkung auf Lieferungen von **Fernwärme** ausgeweitet.[137]

Schließlich wurde der sogenannte **Spitzenausgleich bei der Energie- und Stromsteuer** mit Wirkung für das Jahr 2023 verlängert.[138] Hierdurch wurden etwa 9.000 energieintensive Unternehmen des produzierenden Gewerbes (UPG) im Jahr 2023 um ca. 1,7 Mrd. Euro entlastet.[139]

Grafik 1: Staatliche Finanzhilfen zur Bewältigung der COVID-19-Pandemie und der Energiekrise

---

[135] Nr. 6 des von der Bundesregierung am 29.9.2022 beschlossenen Maßnahmenpakets, https://www.bundesregierung.de.
[136] Gesetz zur temporären Senkung des Umsatzsteuersatzes auf Gaslieferungen über das Erdgasnetz vom 19.10.2022 (BGBl. 2022 I 1743).
[137] Die Ausweitung erfolgte durch Annahme des dritten Änderungsantrags der Koalitionsfraktionen im Finanzausschuss des Deutschen Bundestages; BT-Drs. 20/3763, 5.
[138] Gesetz zur Änderung des Energiesteuer- und des Stromsteuergesetzes zur Verlängerung des sogenannten Spitzenausgleichs vom 19.12.2022 (BGBl. 2022 I 2483).
[139] BT-Drs. 20/3872, 9.

Staatliche Finanzhilfen zur Bewältigung der COVID-19-Pandemie und der Energiekrise

COVID-19-Pandemie

Zuschussprogramme für Unternehmen	Weitere Hilfen für Unternehmen	Sächliche Hilfen als Äquivalent finanzieller Hilfe	Sozialstaatliche Leistungen zur Unterstützung von Privatpersonen	Steuerrechtliche Maßnahmen	"Der wirtschaftliche Abwehrschirm" (erweiterte Funktionszuweisung an den WSF)	Weitere Finanzhilfen
Soforthilfeprogramm	KfW Programme: Sonderprogramm 2020 und Schnellkredit 2020	Corona-Schutzimpfungen	Erleichterung des Zugangs zu Sozialleistungen	Verfahrenserleichterungen: Zinslose Steuerstundungen, Herabsetzung von Vorauszahlungen, Aussetzung der Vollstreckung, Fristverlängerung bei Steuererklärungen		
Überbrückungshilfe I						
Überbrückungshilfe II		Nachweisverfahren (Tests)	Ausdehnung der Bezugsdauer von Arbeitslosengeld	Reduzierter Umsatzsteuersatz für Restaurantdienstleistungen		
November- u. Dezemberhilfen	Wirtschaftsstabilisierungsfonds (WSF) insbes. für Rekapitalisierungen		Einmalzahlung Grundsicherung			
Überbrückungshilfe III		Schutzmasken		Möglichkeit von steuerfreien Zuwendungen des Arbeitgebers sowie steuerliche Begünstigung von Arbeitgeber-Zuschüssen zum KuG		
Überbrückungshilfe III Plus			Kinderbonus 2020			
Überbrückungshilfe IV	Bürgschaftsprogramme		Kinderbonus 2021	Befristete Umsatzsteuersenkung in allen Bereichen		
Neustarthilfe				Anhebung des Entlastungsbetrags für Alleinerziehende		
Neustarthilfe Plus	Schutzschirm für Warenkreditversicherungen (Garantien)		Kurzarbeitergeld (KuG)	Erweiterung des steuerlichen Verlustrücktrags		
Neustarthilfe 2022						
Härtefallhilfen				Einführung einer Homeoffice-Pauschale		
Weiteres: "Neustart Kultur", Sonderfonds für Kultur, Messen & Ausstellungen sowie Profisport						

Energiekrise und Inflation

Zuschussprogramme für Unternehmen	Weitere Hilfen für Unternehmen	Sächliche Hilfen als Äquivalent finanzieller Hilfe	Sozialstaatliche Leistungen zur Unterstützung von Privatpersonen	Steuerrechtliche Maßnahmen	"Der wirtschaftliche Abwehrschirm"	Weitere Finanzhilfen
			Heizkostenzuschuss I (bedürftige Personengruppen)	Erhöhung von Grundfreibetrag, Arbeitnehmerpauschbetrag und Fernpendlerpauschale	Gas- und Wärmepreisbremse	9-Euro-Ticket
			Einmalzahlung Grundsicherung & Arbeitslosengeld	"Tankrabatt" (Senkung der Energiesteuer für Kraftstoffe)	Strompreisbremse	49-Euro-Ticket
			Kinderbonus 2022	Erhöhung des Sparer-Pauschbetrags	Dezember-Soforthilfe	Wegfall der EEG-Umlage
			Kindersofortzuschlag	Verlängerung und Entfristung der Homeoffice-Pauschale	Härtefallhilfen	Verschiebung der CO_2-Preiserhöhung
			Energiepreispauschalen für Erwerbstätige, Rentner & Versorgungsbezieher sowie Studierende & Fachschüler	Verlängerung der Umsatzsteuerermäßigung für Gastronomiebetriebe	Reduzierung der Umsatzsteuer auf Gas und Fernwärme	
			Heizkostenzuschuss II (s.o.)	Möglichkeit einer steuerfreien Inflationsausgleichsprämie durch ArbG	Zuschüsse infolge der Erhöhung der Übertragungsnetzentgelte	
			Anhebung der Midijob-Grenze	Erhöhung des Grundfreibetrags		
			Dauerhafte Erhöhung von Kindergeld und Kinderzuschlag	Anpassung des EStG-Tarifs	Verlängerung des sog. Spitzenausgleichs bei der Energie- und Stromsteuer	
				Anhebung des Kinderfreibetrags & der Freigrenze beim Solidaritätszuschlag		

3. Staatliche Finanzhilfen zur Bewältigung der Flutkatastrophe 2021

Mitte Juli 2021 ereignete sich in Deutschland eine verheerende Flutkatastrophe.[140] Neben Teilen von Nordrhein-Westfalen war insbesondere Rheinland-Pfalz betroffen, wo allein im Landkreis Ahrweiler mindestens 133 Menschen starben.[141] Die geschätzten Gesamtschäden beliefen sich in den betroffenen Bundesländern auf mehr als 30 Mrd. Euro.[142] Anders als die COVID-19-Krise und die Energiekrise ist die Krise infolge der Flutkatastrophe 2021 eine räumlich beschränkte, lokale Krise.

a) Soforthilfemaßnahmen

Unmittelbar nach der Flut setzten die betroffenen Länder **Soforthilfeprogramme** auf. Bereits am 21. Juli 2021 beschloss die Bundesregierung, dass sich der Bund hälftig an der Finanzierung dieser Programme beteiligen werde. Eine entsprechende Verwaltungsvereinbarung sah vor, dass Bund und Länder zunächst jeweils 400 Mio. Euro zur Verfügung stellen. Die von den Ländern auf dieser Grundlage vollzogenen Programme dienten der kurzfristigen Unterstützung.[143] Gesetzliche Regelungen gab es in diesem Zusammenhang nicht.

b) Aufbauhilfe 2021 als Sondervermögen des Bundes

Darüber hinaus sicherte der Bund auch seine finanzielle Unterstützung für den mittel- und längerfristigen Wiederaufbau zu. Am 15. September 2021 trat das Bundesgesetz zur Errichtung eines **Sondervermögens „Aufbauhilfe 2021"** (Aufbauhilfefonds-Errichtungsgesetz 2021 – AufbhEG 2021) in Kraft.[144] Schadensbeseitigung und

---

[140] Hierzu umfassend *Bundesministerium des Innern und für Heimat/Bundesministerium der Finanzen,* Bericht zur Hochwasserkatastrophe 2021: Katastrophenhilfe, Wiederaufbau und Evaluierungsprozesse, https://www.bmi.bund.de.

[141] *Bundeszentrale für politische Bildung,* kurz&knapp, Hintergrund aktuell, Jahrhunderthochwasser 2021 in Deutschland, 28.7.2021, auch zum Folgenden, https://www.bpb.de.

[142] In Rheinland-Pfalz 18 Mrd. Euro, in Nordrhein-Westfalen 12,3 Mrd. Euro, in Bayern 298 Mio. Euro und in Sachsen 256,1 Mio. Euro; *Bundesministerium des Innern und für Heimat/Bundesministerium der Finanzen,* Bericht zur Hochwasserkatastrophe 2021: Katastrophenhilfe, Wiederaufbau und Evaluierungsprozesse, S. 5 bis 7, https://www.bmi.bund.de.

[143] In Rheinland-Pfalz konnte die „Soforthilfe RLP 2021" nur bis zum 10.9.2021 beantragt werden, https://www.statistik.rlp.de.

[144] Art. 1 des Gesetzes zur Errichtung eines Sondervermögens „Aufbauhilfe 2021" und zur vorübergehenden Aussetzung der Insolvenzantragspflicht wegen Starkregenfällen und Hochwassern im Juli 2021 sowie zur Änderung weiterer Gesetze (Aufbauhilfegesetz 2021 – AufbhG 2021) vom 10.9.2021 (BGBl. 2021 I 4147).

infrastruktureller Wiederaufbau seien „eine nationale Aufgabe von großer finanzieller Tragweite", deren Bewältigung „eine gesamtstaatliche solidarische Verteilung der damit verbundenen finanziellen Lasten erforderlich [mache]".[145] Das Sondervermögen wurde mit 30 Mrd. Euro ausgestattet. Hiervon dienen 2 Mrd. Euro, die ausschließlich vom Bund finanziert wurden, der Wiederherstellung der bundeseigenen Infrastruktur. Die weiteren 28 Mrd. Euro, die für Wiederaufbaumaßnahmen in den betroffenen Ländern bestimmt sind, werden je zur Hälfte durch den Bund und die Ländergesamtheit getragen.

Aus dem Sondervermögen können Mittel zur Aufbauhilfe für Privathaushalte, Unternehmen und sonstige Einrichtungen sowie zur Wiederherstellung beschädigter Infrastruktur geleistet werden, soweit Schäden nicht durch Versicherungen oder sonstige Dritte abgedeckt sind. Die Durchführung im Einzelnen, für die die Länder zuständig sind, wurde durch die auf § 2 Abs. 4 AufbhEG 2021 gestützte Aufbauhilfeverordnung 2021 (AufbhV 2021) geregelt.[146] In Rheinland-Pfalz, dem mit 65.000 betroffenen Menschen am stärksten von der Flut beeinträchtigten Bundesland, konnten Anträge auf die Gewährung von Wiederaufbauhilfe aus dem Sondervermögen ab 24. September 2021 gestellt werden. Bis Mitte Oktober 2023 wurden in Rheinland-Pfalz Aufbauhilfen in Höhe von 1,095 Mrd. Euro bewilligt.[147] Das sind nur rund 7 Prozent der für das Bundesland insgesamt zur Verfügung stehenden Mittel. In den anderen betroffenen Ländern sind die Abrufquoten ähnlich niedrig. Als Grund hierfür werden nicht zuletzt die aufwändigen Antragsverfahren genannt. Ende 2022 wurde die Antrags- und Bewilligungsfrist für die Aufbauhilfe 2021 bis Juni 2026 verlängert.[148]

c) Weitere finanzielle Hilfen

Darüber hinaus bietet die KfW spezielle **Kreditprogramme** für von der Flut betroffene Privatpersonen, Unternehmen, Gemeinden und sonstige Einrichtungen an.[149] Ferner wurden durch die betroffenen Länder in Abstimmung mit dem Bundesministerium der Finanzen **Katastrophenerlasse** herausgegeben, die unter anderem den ein-

---

[145] BT-Drs. 19/32039, 1.
[146] Verordnung über die Verteilung und Verwendung der Mittel des Fonds „Aufbauhilfe 2021" (Aufbauhilfeverordnung 2021 – AufbhV 2021) vom 15.9.2021 (BGBl. 2021 I 4214).
[147] *Investitions- und Strukturbank Rheinland-Pfalz*, Aufbauhilfen RLP, Stand 16.10.2023, https://isb.rlp.de.
[148] *Bundesregierung*, Hochwasser 2021 – Aufbauhilfen von Bund und Ländern, Unterstützung beim Wiederaufbau, 12.7.2023, https://www.bundesregierung.de.
[149] Hierzu *KfW*, Hochwasserhilfe der KfW 2021/2022, https://www.kfw.de.

kommensteuerlichen Spendenabzug erleichterten.[150] Hinzu kamen umsatzsteuerliche Entlastungen.[151]

d) Sächliche Hilfen als Äquivalent finanzieller Hilfen

Darüber hinaus leistete der Staat auch erhebliche sächliche Hilfen zur Bewältigung der Flutkatastrophe und trug die Kosten für diese Hilfen.[152] Beispielhaft zu nennen sind Arbeiten des Technischen Hilfswerks, der Bundespolizei, von Einsatzkräften der Länder, der Bundeswehr und der Bundesdruckerei GmbH.

Ergänzend ist auf die intensive sächliche Unterstützung auch durch privatrechtlich organisierte Hilfsorganisationen,[153] durch privatwirtschaftliche Unternehmen und durch Privatpersonen hinzuweisen.

III. Systematisierung der staatlichen Finanzhilfen

Die Bestandsaufnahme belegt ein breites Spektrum ganz unterschiedlicher staatlicher Finanzhilfen, die in Reaktion auf die COVID-19-Pandemie, die Energiekrise und die Flutkatastrophe 2021 gewährt wurden. Systematisieren lassen sich die Hilfen zum einen nach dem Kriterium des Ziels der jeweiligen Hilfeleistung (1.), zum anderen nach dem Kriterium der genutzten Regelungs- und Verwaltungsstruktur (2.).

1. Ziele der Hilfeleistungen

a) Finanzhilfen zugunsten Privater

aa) Existenzsicherung

In allen drei in Betracht gezogenen Krisen stand bei den staatlichen Finanzhilfen zugunsten Privater die Existenzsicherung im Vor-

---

[150] Beispielsweise *Landesamt für Steuern Rheinland-Pfalz*, Rundverfügung: Steuerliche Maßnahmen zur Berücksichtigung der Schäden im Zusammenhang mit den Unwetterereignissen im Juli dieses Jahres, 27.7.2021; dazu *Bundesministerium des Innern und für Heimat/Bundesministerium der Finanzen*, Bericht zur Hochwasserkatastrophe 2021: Katastrophenhilfe, Wiederaufbau und Evaluierungsprozesse, S. 50, https://www.bmi.bund.de.

[151] BMF-Schreiben vom 23.7.2021 (BStBl. 2021 I 1024) und vom 28.10.2021 (BStBl. 2021 I 2141).

[152] Für einen detaillierten Überblick *Bundesministerium des Innern und für Heimat/Bundesministerium der Finanzen*, Bericht zur Hochwasserkatastrophe 2021: Katastrophenhilfe, Wiederaufbau und Evaluierungsprozesse, https://www.bmi.bund.de.

[153] Insbesondere Arbeiter-Samariter-Bund Deutschland e.V., Deutsche Lebens-Rettungs-Gesellschaft e.V., Deutsches Rotes Kreuz e.V., Johanniter-Unfall-Hilfe e.V., Malteser Hilfsdienst e. V.

dergrund. In der COVID-19-Pandemie gilt dies beispielsweise für die Erleichterungen beim Zugang zu Sozialleistungen, für die Ausdehnung der Bezugsdauer von Arbeitslosengeld, für die Einmalzahlung für Leistungsberechtigte in der Grundsicherung und für einzelne Elemente der steuerrechtlichen Maßnahmen (Stundungen, Aussetzungen von Vollstreckungsmaßnahmen). In der Energiekrise ist etwa auf die Heizkostenzuschüsse und wiederum die Einmalzahlungen für bedürftige Personengruppen, die Kinderzuschläge für Familien mit geringem Einkommen und aus dem Bereich der steuerrechtlichen Maßnahmen auf die Erhöhungen des Grundfreibetrags zu verweisen. Dass die Hilfeleistungen im Anschluss an die Flutkatastrophe 2021 zu einem guten Teil existenzsichernd wirkten, versteht sich von selbst.

bb) Hilfe über die Existenzsicherung hinaus

Bei den weitergehenden Finanzhilfen zugunsten Privater ist der Bezug zur Existenzsicherung nicht in allen Fällen gegeben. In der COVID-19-Pandemie gilt dies etwa für die Gewährung des Kinderbonus in den Jahren 2020 und 2021, für die Erleichterung des Zugangs zu Kurzarbeitergeld und für die weiteren materiellen und verfahrensrechtlichen steuerlichen Erleichterungen. Auch die finanziellen Vorteile durch die Bereitstellung von Impfungen, Testungen und Schutzmasken haben jedenfalls in der Breite keinen existenzsichernden Charakter. Von den Maßnahmen in der Energiekrise fallen in diese Kategorie etwa der Kinderbonus des Jahres 2022, die Energiepreispauschalen für Erwerbstätige, für Rentnerinnen, Rentner und Versorgungsbezieher sowie für Studierende und Fachschüler, die energiekostenbezogene Dezember-Soforthilfe, die Energiepreisbremsen, die weitergehenden steuerlichen Maßnahmen und auch das 9-Euro- und das 49-Euro-Ticket.

Grafik 2: Systematisierung der Finanzhilfen zugunsten Privater nach Existenzsicherungscharakter

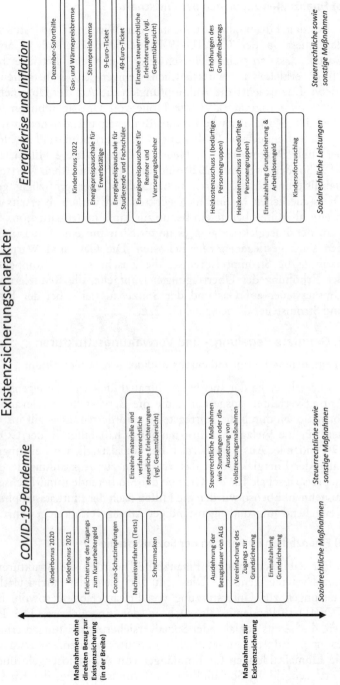

b) Finanzhilfen zugunsten der Wirtschaft

Bei den Finanzhilfen zugunsten der Wirtschaft ist festzustellen, dass diese in der COVID-19-Pandemie typisierend so angelegt waren, dass wirtschaftlich schwerer betroffene Betriebe höhere Hilfen erhielten als wirtschaftlich weniger schwer betroffene Betriebe. Dazu diente die Anknüpfung an die Art des Unternehmens (Soforthilfeprogramm), an die Höhe von Umsatzeinbußen gegenüber dem Vorjahr, an bestimmte Branchenzugehörigkeiten und an die Betroffenheit von Schließungen (Überbrückungshilfen, November- und Dezemberhilfen, Neustarthilfen). Weitere Hilfen, so das KfW-Sonderprogramm 2020 und die Hilfen aus dem Wirtschaftsstabilisierungsfonds, waren tatbestandlich eher großzügig gefasst. Die steuerlichen Maßnahmen wirkten und wirken ihrerseits in die Breite, allerdings bei stetem Bezug zur Einkommenssituation.

In der Energiekrise ging es unmittelbar um eine Entlastung von den stark gestiegenen Energiekosten. Die Gas- und Wärmepreisbremse, die Strompreisbremse, die Zuschüsse zur Kompensation der Erhöhung der Übertragungsnetzentgelte, die Reduzierung der Umsatzsteuer auf Gas und der Spitzenausgleich bei der Energie- und Stromsteuer dienen genau hierzu.

2. Genutzte Regelungs- und Verwaltungsstrukturen

a) Finanzhilfen aufgrund eigenständiger Antragsverfahren

Für zahlreiche der staatlichen Finanzhilfen wurden eigenständige Antragsverfahren ausgestaltet, die die Bereitstellung relevanter Informationen durch die Antragsteller erforderten. Dies gilt insbesondere für die Vielzahl an direkten Wirtschaftshilfen in der COVID-19-Pandemie. Aus dem Bereich der sozialstaatlichen Leistungen im Zuge der Energiekrise ist das Verfahren zur Auszahlung der Energiepreispauschale für die Gruppe der Studierenden und Fachschüler zu nennen. Ebenso wurden die Hilfen nach der Flutkatastrophe 2021 weitgehend aufgrund eigenständiger Antragsverfahren gewährt.

b) Finanzhilfen im Rahmen der Sozialsysteme

Für zahlreiche andere Finanzhilfen wurden die Strukturen der Sozialsysteme genutzt. Dies gilt für viele der sozialstaatlichen Leistungen zur Unterstützung von Privatpersonen, sowohl in der COVID-19-Pandemie als auch in der Energiekrise. Die Personen, die bereits Sozial- oder Sozialversicherungsleistungen erhielten, konnten dadurch automatisch unterstützt werden, so etwa durch die Einmalzahlungen für Empfänger von Arbeitslosengeld und Arbeitslosengeld II, Sozialhilfe oder Grundsicherung, die Kinderzuschläge für Familien mit geringem Einkommen, die Erhöhung des Kindergeldes, die Heizkostenzuschüsse für bedürftige Personengruppen und die Energiepreispauschale für Rentnerinnen und Rentner sowie Versorgungsbezieher. Zum einen wurden dabei hergebrachte Sozialleistungen ausgedehnt. Zum anderen wurden die Strukturen der Sozialsysteme und die dort vorhandenen Daten genutzt, um neuartige Leistungen zu erbringen.

c) Finanzhilfen im Rahmen des Steuerrechts

Auch die Strukturen des Steuerrechts dienten als Mittel, gleichsam als Transmissionsriemen, zur Leistung finanzieller Krisenhilfen. Zum einen konnten steuerverfahrensrechtliche Erleichterungen bei wirtschaftlicher Bedrängnis gewährt werden (Herabsetzung von Vorauszahlungen, Stundung, Aussetzung der Vollstreckung). Zum anderen wurden zahlreiche Maßnahmen zur materiellen Steuerentlastung ergriffen, die etwa an ertragsteuerliche Verluste (Ausdehnung der Verlustverrechnung), an arbeitgeberseitige Unterstützungen der Arbeitnehmer (Steuerfreiheit von Zuschüssen, Sachbezügen und der Inflationsausgleichsprämie), an veränderte Arbeitsbedingungen und einhergehende Kosten (Homeoffice-Pauschale, Arbeitnehmerpauschbetrag, Entfernungspauschale für Fernpendler), an das Existenzminimum und die gestiegenen Lebenshaltungskosten (Erhöhung des Grundfreibetrags und des Kinderfreibetrags, Anpassung der Tarifeckwerte), an die konkrete persönliche Lebenssituation (Erhöhung des Entlastungsbetrags für Alleinerziehende) oder auch an bestimmte Umsätze (Umsatzsteuerermäßigungen für Restaurant- und Verpflegungsdienstleistungen und für Gaslieferungen, Energiesteuersenkung („Tankrabatt")) anknüpften.

Die Energiepreispauschale für Erwerbstätige konnte mit der Einkommensteuervorauszahlung verrechnet oder im Rahmen der Einkommensteuerveranlagung gewährt werden.

Auch nach der Flutkatastrophe 2021 wurden steuerliche Maßnahmen ergriffen, um Erleichterungen sowohl im Verfahren (Stundungen, Aussetzungen etc.) als auch materieller Art (vereinfachter Spendenabzug, Umsatzsteuererleichterungen etc.) zu schaffen.

Die Hilfen im Rahmen des Steuerrechts waren zum einen originär steuerlicher Natur. Zum anderen wurden lediglich die Strukturen des Steuersystems und die dort vorhandenen Daten genutzt, um die Leistungen zu bewirken.

d) Die Indienstnahme der Arbeitgeber

Die Energiepreispauschale für Erwerbstätige wurde mit dem Lohn durch die Arbeitgeber ausgezahlt. Hier kam es zu einer spezifischen

Indienstnahme der Arbeitgeber, formal angeknüpft an das Lohnsteuerverfahren.

e) Staatliche Unterstützung durch Eingriffe in Markttransaktionen (Preisdeckel, Rabatte)

Ein weiterer Weg, der gewählt wurde, um finanzielle Krisenunterstützung zu leisten, war der Weg über staatliche Eingriffe in Markttransaktionen. Im Mittelpunkt standen hier die Energiepreisbremsen. Die finanzielle Hilfe wird dabei dadurch gewährt, dass der Staat den Preis für ein bestimmtes Verbrauchsvolumen der Kunden deckelt und die Energieversorger dafür kompensiert. Die finanzielle Hilfe vermittelt sich also durch den vergünstigten Erwerb eines bestimmten Produkts.

Entsprechendes gilt für das 9 Euro- und das 49 Euro-Ticket zur Nutzung des ÖPNV. Die Bürgerinnen und Bürger können das Produkt günstig erwerben, die Verkehrsbetriebe erhalten dafür eine Erstattung aus staatlichen Mitteln.

f) Staatliche Kostenübernahmen für sächliche Hilfen des Staates

Schließlich kann als staatliche Finanzhilfe auch die staatliche Kostenübernahme bei Gewährung sächlicher Hilfen eingeordnet werden. In der COVID-19-Pandemie betrifft dies die Schutzimpfungen, Testungen und Maskenausgaben. Teilweise wurden diese Sachleistungen zwar den GKV-eigenen Leistungen zugeordnet. Bei materieller Betrachtung erhielten die GKV-Versicherten diese neuen Leistungen aber ebenso wie die nicht GKV-Versicherten ohne spezifische Gegenleistung, zumal die Leistungen weitgehend durch den Steuerzuschuss finanziert wurden. Mit Blick auf die Flutkatastrophe 2021 sind an dieser Stelle die vielfältigen sächlichen Hilfeleistungen durch staatliche Stellen zu nennen.

g) Zusammenschau

Es zeigt sich, dass die Krisenhilfen zugunsten der Wirtschaft weitgehend über eigenständige Antragsverfahren geleistet wurden, daneben mittels des Steuerrechts.

Für finanzielle Hilfen zugunsten von Privatpersonen konnten in weitem Umfang die Sozialsysteme genutzt werden. Für Personen und Sachverhalte, die nicht verlässlich über die Sozialsysteme zu erschließen waren, wurde auf eigenständige Antragsverfahren gesetzt. Zudem wurden steuerliche Erleichterungen vorgesehen.

Formal steuerrechtlich geregelt, in der Sache aber als besonderer Weg zur finanziellen Hilfeleistung stellt sich die Indienstnahme der

Arbeitgeber durch den Staat dar, konkret für die Auszahlung der Energiepreispauschale für Erwerbstätige.

Das Beispiel der Energiepreispauschale zeigt, dass ein einheitliches Entlastungsanliegen für drei verschiedene Personengruppen auf drei verschiedenen Wegen verfolgt wurde, um alle drei Personengruppen zu erreichen: über die Sozialsysteme, mit eigenem Antragsverfahren und über das Steuerrecht.

Soweit sich die wirtschaftliche Belastung von Unternehmen oder Privatpersonen aus einer bestimmten Art von Markttransaktionen ergibt, namentlich aus dem Preis bestimmter Produkte, besteht die Möglichkeit der punktgenauen staatlichen Preisintervention.

Bei lokalen Krisen, die nur ganz bestimmte Personen und Wirtschaftsunternehmen betreffen, stehen individuelle Antragsverfahren im Vordergrund. Auch hier kann das Steuerrecht hinzutreten, ebenfalls mit spezifischen, lokal geltenden Regelungen.

Grafik 3: Systematisierung der Finanzhilfen nach den genutzten Regelungs- und Verwaltungsstrukturen

Systematisierung der Finanzhilfen nach den genutzten Regelungs- und Verwaltungsstrukturen

Finanzhilfen aufgrund eigenständiger Antragsverfahren	Finanzhilfen im Rahmen der Sozialsysteme	Finanzhilfen im Rahmen des Steuerrechts	Die Indienstnahme der Arbeitgeber	Staatliche Unterstützung durch Eingriffe in Markttransaktionen	Staatliche Kostenübernahme für sächliche Hilfen des Staates
Corona-Wirtschaftshilfen (Soforthilfeprogramm, Überbrückungshilfen, Neustarthilfen, KfW-Programme usw., vgl. Gesamtübersicht)	Einmalzahlung Grundsicherung (Corona)	Steuerverfahrensrechtliche Erleichterungen (z.B. Herabsetzung von Vorauszahlungen, Stundungen, Aussetzung der Vollstreckung)	Energiepreispauschale für Erwerbstätige	Dezember-Soforthilfe	Corona-Schutzimpfungen
Beantragung und Gewährung von Kurzarbeitergeld	Einmalzahlung Grundsicherung (Energiekrise)	Materielle Steuerentlastungen, z.B.: - Ausdehnung der Verlustrechnung - Steuerfreiheit von Arbeitgeberzuschüssen, Sachbezügen u. Inflationsausgleichsprämie - Erhöhung von Homeoffice-Pauschale, ArbN-Pauschbetrag und Entfernungspauschale - Erhöhung des Grundfreibetrags und des Kinderfreibetrags - Anpassung der Tarifeckwerte - Umsatzsteuerermäßigung Gastronomie und Gaslieferungen - Energiesteuersenkung („Tankrabatt")		Gas- und Wärmepreisbremse	Nachweisverfahren (Testungen)
Energiepreispauschale für Studierende und Fachschüler	Heizkostenzuschüsse I und II für bedürftige Personengruppen			Strompreisbremse	Schutzmasken
Härtefallhilfen in der Energiekrise	Kinderbonus Corona 2020 und 2021 (einmalige Kindergelderhöhungen)			9-Euro-Ticket	
	Kinderbonus Energiekrise 2022 (einmalige Kindergelderhöhung)			49-Euro-Ticket	
	Kinder(sofort)zuschlag				
	Energiepreispauschale für Rentner und Versorgungsbezieher				

IV. Verfassungsrechtliche Maßgaben

1. Verfassungsrechtliche Maßstäbe leistungsstaatlichen Handelns

a) Sozialstaatliche Förderung von Privatpersonen

aa) Originärer Leistungsanspruch im Umfang des sächlichen Existenzminimums

Aus dem Sozialstaatsprinzip (Art. 20 Abs. 1 GG) iVm der Menschenwürde (Art. 1 Abs. 1 GG) folgt die Pflicht des Staates, jedermann ein menschenwürdiges Existenzminimum zu gewährleisten[154] und in diesem Umfang auf individuelle Bedürftigkeit zu reagieren.[155] Dieser Pflicht entspricht ein originärer Leistungsanspruch auf die Mittel, die zur Aufrechterhaltung eines menschenwürdigen Daseins erforderlich sind.[156] Bei der Konkretisierung hat der Gesetzgeber einen Gestaltungsraum, muss sich aber stets an den vorfindlichen Lebensbedingungen orientieren.[157] So sind Veränderungen dieser Lebensbedingungen, etwa in Form von Preissteigerungen, durch eine Anpassung des Leistungsumfangs nachzuvollziehen.[158] In der Situation einer Krise ist der Gesetzgeber zu einer Prüfung und einem Nachvollzug in kürzeren Zeitabständen verpflichtet als in der Normallage. Der legislativen Berechnung des Existenzminimums muss ein realitätsgerechtes und nachvollziehbares Verfahren zugrunde liegen.[159]

bb) Gleichheitsgerechte Teilhabe an darüber hinausgehender staatlicher Förderung, insbesondere nach dem Maß der Bedürftigkeit

Jenseits der Gewährleistung des Existenzminimums gibt es keine originäre verfassungsrechtliche Pflicht des Staates, einen bestimmten Status sozialer Sicherheit herzustellen.[160] Der Gesetzgeber verfügt hier über weitgehende Gestaltungsfreiheit.[161] Wenn sich der Staat

---

[154] BVerfGE 40, 121 (133); 44, 353 (375); 82, 60 (79f.); 125, 175 (222).
[155] BVerfGE 103, 310 (318); näher *Sachs*, in: Isensee/Kirchhof (Hrsg.), HStR, Bd. VIII, 3. Aufl. 2010, § 183 Rn. 38ff.
[156] BVerfGE 125, 175 (223).
[157] BVerfGE 125, 175 (222); *Grzeszick*, in: Dürig/Herzog/Scholz, GG, 102. EL August 2023, Art. 20 VIII Rn. 26.
[158] BVerfGE 125, 175 (225).
[159] BVerfGE 125, 175 (226); *Grzeszick*, in: Dürig/Herzog/Scholz, GG, 102. EL August 2023, Art. 20 VIII Rn. 27f.; kritisch *Rixen*, JöR nF 61 (2013), 525 (533ff.).
[160] *Grabitz*, Freiheit und Verfassungsrecht, 1976, S. 42ff.; *Grzeszick*, in: Dürig/Herzog/Scholz, GG, 102. EL August 2023, Art. 20 VIII Rn. 24; *Kingreen*, VVDStRL Bd. 70 (2011), S. 152 (181ff.).
[161] BVerfGE 111, 176 (184); 130, 240 (254); *P. Kirchhof*, in: Dürig/Herzog/Scholz, GG, 102. EL August 2023, Art. 3 Abs. 1 Rn. 322; *Wollenschläger*, in: von Mangoldt/Klein/Starck, GG, Band 1, 7. Aufl. 2018, Art. 3 Rn. 269.

aber zu sozialer Förderung über das Maß des Existenzminimums hinaus entscheidet, muss diese Förderung gleichheitsgerecht sein.[162] Aus Art. 3 Abs. 1 GG folgen diesbezüglich Teilhaberechte.[163] Der Gestaltungsraum des Leistungsstaates bezieht sich zum einen auf den Kreis der Leistungsempfänger,[164] zum anderen auf die Art und eine mögliche Ausdifferenzierung der Leistung. Die gesetzgeberischen Erwägungen müssen von sachlichen Gründen getragen und realitätsgerecht sein.[165] Bereichsspezifisch leitend ist auch insoweit das Bedürftigkeitsprinzip.[166] Gleich Bedürftige sind mithin in gleicher Weise zu fördern (horizontale Bedarfsgerechtigkeit); Bedürftigere sind stärker zu fördern als weniger Bedürftige (vertikale Bedarfsgerechtigkeit).[167]

cc) Subsidiarität im sozialen Staat

Der soziale Staat erschöpft sich nicht im Sozialleistungsstaat. Vielmehr ist er zugleich beauftragt, das Soziale im gesellschaftlichen Miteinander zu ermöglichen, also private Freiheit in Gestalt privater Freigebigkeit und caritas zu fördern.[168] Dies entspricht dem Gedanken der Subsidiarität als in den Freiheitsgrundrechten wurzelnder Leitidee des freiheitlichen Verfassungsstaates.[169]

b) Gleichheitsgerechte Wirtschaftsförderung

Art. 12 Abs. 1 GG und Art. 14 Abs. 1 GG enthalten kein originäres Recht auf Wirtschaftssubventionen und auch kein Recht auf den Bestand des Arbeitsplatzes,[170] die den Staat verpflichten könnten, Unternehmen in Krisenzeiten zu unterstützen. Vielmehr spricht

---

[162] *Huster*, in: Friauf/Höfling, Berliner Kommentar zum Grundgesetz, Stand April 2023, Art. 3 Rn. 157.

[163] BVerfGE 12, 354 (367); *P. Kirchhof*, in: Dürig/Herzog/Scholz, GG, 102. EL August 2023, Art. 3 Abs. 1 Rn. 322 mwN; *Thiele*, in: Dreier/Brosius-Gersdorf, GG, 4. Aufl. 2023, Art. 3 Rn. 100.

[164] *P. Kirchhof*, in: Dürig/Herzog/Scholz, GG, 102. EL August 2023, Art. 3 Abs. 1 Rn. 322.

[165] *P. Kirchhof*, in: Isensee/Kirchhof (Hrsg.), HStR, Bd. VIII, 3. Aufl. 2010, § 181 Rn. 205.

[166] *Huster*, in: Friauf/Höfling, Berliner Kommentar zum Grundgesetz, Stand April 2023, Art. 3 Rn. 158; umfassend *Becker*, Transfergerechtigkeit und Verfassung, 2001.

[167] Hier besteht eine Parallele zur steuerlichen Belastung nach dem Maß der wirtschaftlichen Leistungsfähigkeit (horizontale und vertikale Steuergerechtigkeit); *Birk/Desens/Tappe*, Steuerrecht, 26. Aufl. 2023, Rn. 180.

[168] *Zacher*, in: Isensee/Kirchhof (Hrsg.), HStR, Bd. II, 3. Aufl. 2004, § 28 Rn. 79 („Intermediäre Strukturen").

[169] *Isensee*, in: Isensee/Kirchhof (Hrsg.), HStR, Bd. IV, 3. Aufl. 2006, § 73 Rn. 70; grundlegend *Isensee*, Subsidiaritätsprinzip und Verfassungsrecht, 2. Aufl. 2001; mit Gleichheitsbezug *Axer*, VVDStRL Bd. 68 (2009), S. 177 (185f.).

[170] *Remmert*, in: Dürig/Herzog/Scholz, GG, 102. EL August 2023, Art. 12 Rn. 13.

die freiheitliche Wirtschaftsverfassung des Grundgesetzes für die Mäßigung des Staates bei der Gewährung von Wirtschaftssubventionen.[171] Entscheidet sich der Staat aber für die Förderung von Wirtschaftsunternehmen in der Krise, gilt der Gleichheitsmaßstab (Art. 3 Abs. 1 GG). Der Zuschnitt von Förderprogrammen muss nach Inhalt und Adressatenkreis auf sachlichen, nachvollziehbaren Gründen beruhen. Leitend hat dabei der Gedanke zu sein, dass Wirtschaftsteilnehmer, die stärker unter einer Krise leiden als andere Wirtschaftsteilnehmer, auch stärker von Hilfe profitieren sollen als letztere (vertikale Bedarfsgerechtigkeit). Gleich intensiv betroffene Unternehmen müssen grundsätzlich gleich stark unterstützt werden (horizontale Bedarfsgerechtigkeit). Als weitere Gesichtspunkte kommen der mittelbare Arbeitnehmerschutz und die Bedeutung eines Unternehmens für die öffentliche Versorgung in Betracht.

2. Verfassungsrechtliche Strukturierung einzelner Regelungs- und Verwaltungssysteme

Nutzt der Staat bei der Gewährung von Finanzhilfen bestimmte Regelungs- und Verwaltungssysteme, sind deren verfassungsrechtliche Binnenstrukturierungen zu beachten.

a) Eigenständige Antragsverfahren

Im Fall eigenständiger Antragsverfahren existiert keine über die verfassungsrechtlichen Maßstäbe leistungsstaatlichen Handelns hinausgehende bereichsspezifische verfassungsrechtliche Strukturierung auf Ebene des Regelungs- und Verwaltungssystems. Zu beachten sind vor allem die verfassungsrechtlichen Maßgaben zur Austarierung von Verifikation und Praktikabilität sowie das Recht auf informationelle Selbstbestimmung.[172]

b) Sozialrecht

Ein übergeordnetes, das gesamte Teilrechtsgebiet ordnendes Strukturprinzip kennt das Sozialrecht nicht.[173] Vielmehr unterscheidet die sozialrechtliche Binnensystematik zwischen vier Zweigen, die jeweils eigenen Prinzipien folgen: Der Sozialversicherung (Vorsorge), der sozialen Entschädigung, der sozialen Hilfe und der sozialen

---

[171] *Stober/Korte*, Öffentliches Wirtschaftsrecht, Allgemeiner Teil, 19. Aufl. 2019, Rn. 228; *Kämmerer*, in: Isensee/Kirchhof (Hrsg.), HStR, Bd. V, 3. Aufl. 2007, § 124 Rn. 4.
[172] Dazu sogleich → IV. 3. und 4.
[173] *Kingreen*, in: Kahl/Waldhoff/Walter, Bonner Kommentar zum Grundgesetz, 221. EL 10.2023, Art. 3 Rn. 742.

Förderung.[174] Für die bereichsspezifische Konkretisierung der verfassungsrechtlichen Maßstäbe ist entscheidend, ob die Sozialleistungen im jeweiligen Zweig beitrags- oder steuerfinanziert sind.[175] Die Sozialversicherung wird im Kern durch Beiträge finanziert. Leitend ist das Prinzip einer durch den Solidargedanken modifizierten Äquivalenz im Gegenleistungsverhältnis.[176] Versicherungsleistungen sind damit grundsätzlich von vorausgegangenen Beitragszahlungen abhängig.[177] Daneben existieren versicherungsfremde Leistungen, die die Frage nach der richtigen Finanzierung aufwerfen, insbesondere durch den Steuerzuschuss.[178]

Bei den steuerfinanzierten sozialen Entschädigungs-, Hilfe- und Förderleistungen werden die Freiheits- und Gleichheitsgewährleistungen des Grundgesetzes bereichsspezifisch durch das Kriterium der Bedürftigkeit konkretisiert.[179] Bei existenzgefährdender Bedürftigkeit und auch darüber hinaus müssen sich die Auswahl der begünstigten Personen und die Ausdifferenzierung der Förderung grundsätzlich an der individuellen Bedürftigkeit orientieren.[180]

Sozialrechtliche Typisierungen und Pauschalierungen sind aus Gründen der Praktikabilität möglich, müssen aber realitätsgerecht sein.[181]

c) Steuerrecht

Das Steuerrecht handelt vom staatlichen Nehmen, das dem staatlichen Geben vorausliegt. Freiheits- und gleichheitsgerecht ist eine Besteuerung nach dem Maßstab der individuellen wirtschaftlichen Leistungsfähigkeit.[182] Die Leistungsfähigkeit kann sich aus dem Hinzuerwerb von Vermögen ergeben, aus der Innehabung von Vermögen und aus dem Vermögensverbrauch.[183]

---

[174] *Becker*, in: Ruland/Becker/Axer, Sozialrechtshandbuch (SRH), 7. Aufl. 2022, § 1 Rn. 18 ff.; teilweise werden die Bereiche der sozialen Hilfe und der sozialen Förderung unter einem gemeinsamen Oberbegriff zusammengefasst; vgl. *Waltermann*, in: Waltermann/Schmidt/Chandna-Hoppe, Sozialrecht, 15. Aufl. 2022, § 5 Rn. 79 f.
[175] *Kingreen*, in: Kahl/Waldhoff/Walter, Bonner Kommentar zum Grundgesetz, 221. EL 10.2023, Art. 3 Rn. 742.
[176] *Jarass*, in: Jarass/Pieroth, GG, 17. Aufl. 2022, Art. 3 Rn. 71.
[177] *Eichenhofer*, in: Berlit/Conradis/Pattar (Hrsg.), Existenzsicherungsrecht, 3. Aufl. 2019, Kap. 1 Rn. 9.
[178] Hierzu umfassend *Butzer*, Fremdlasten in der Sozialversicherung, 2001.
[179] Siehe dazu bereits → IV. 1. a).
[180] → IV. 1. a) aa) und bb).
[181] BVerfGE 87, 234 (255 f.).
[182] Aus jüngerer Zeit BVerfGE 145, 106 (142 f.); 148, 217 (244); 152, 274 (313).
[183] Zur Erfassung der wirtschaftlichen Leistungsfähigkeit im Vielsteuersystem *Hey*, in: Tipke/Lang, Steuerrecht, 24. Aufl. 2021, Rn. 3.52 ff.

Die steuerlichen Belastungsgrundentscheidungen des Gesetzgebers sind folgerichtig auszugestalten.[184] Im direkten Steuerrecht, das den Vermögenshinzuerwerb am Markt belastet, konkretisiert sich das Leistungsfähigkeitsprinzip durch das objektive[185] und das subjektive[186] Nettoprinzip.

Abweichungen von der leistungsfähigkeitsgerechten Besteuerung können durch außersteuerliche Gründe wie vor allem Lenkungsanliegen gerechtfertigt sein.[187] Doch werfen Steuervergünstigungen weitere Fragen auf. So bleibt die tatsächliche Haushaltsbelastung einer Steuervergünstigung für das Parlament dunkel.

Auch im Steuerrecht sind Typisierungen und Pauschalierungen verfassungsrechtlich zulässig, wenn sie hinreichend realitätsgerecht bleiben.[188]

d) Indienstnahmen

Indienstnahmen für Sachaufgaben stellen sich als Grundrechtseingriffe dar,[189] Indienstnahmen von Arbeitgebern als Eingriffe in die durch Art. 12 Abs. 1 GG geschützte Berufsausübungsfreiheit.[190] Die Eingriffe können verfassungsrechtlich gerechtfertigt sein, wenn es hinreichend gewichtige Gründe für die Inanspruchnahme gibt. Dies ist insbesondere dann der Fall, wenn die Indienstnahme unter Praktikabilitätsgesichtspunkten naheliegt und wenn die Last aus der Indienstnahme auch im Umfang verhältnismäßig bleibt.[191]

e) Eingriffe in Markttransaktionen

Greift der Staat in Markttransaktionen ein, um Gemeinwohlziele zu verwirklichen, so etwa durch Hoch- oder Tiefpreisbindungen, ist dies ebenfalls grundrechtsrelevant, weil das Staatshandeln die durch Art. 2 Abs. 1 GG gewährleistete Privatautonomie relativiert,

---

[184] Aus jüngerer Zeit BVerfGE 139, 285 (309); 145, 106 (144); 152, 274 (314).

[185] Das BVerfG hat den verfassungsrechtlichen Rang des objektiven Nettoprinzips bislang offengelassen; BVerfGE 122, 210 (234); 123, 111 (121); 152, 274 (316 f.).

[186] Verfassungsrechtlich verankert in Art. 1 Abs. 1, Art. 20 Abs. 1 und Art. 6 Abs. 1 GG; BVerfGE 82, 60 (85 f.); 87, 153 (169 f.); 99, 246 (259); 120, 125 (154 f.); 152, 274 (315 f.).

[187] BVerfGE 126, 268 (278); 126, 400 (417); 127, 224 (245 f.); 145, 106 (143 ff.); 148, 217 (243).

[188] Aus jüngerer Zeit BVerfGE 145, 106 (145 f.); 152, 274 (314); 158, 282 (329).

[189] Grundlegend *Ipsen*, in: FS Kaufmann, 1950, S. 141 ff.; *Vogel*, Öffentliche Wirtschaftseinheiten in privater Hand, 1959; *Rupp*, Privateigentum an Staatsfunktionen, 1963.

[190] Ein Beispiel ist die Pflicht zum Lohnsteuereinbehalt; dazu *G. Kirchhof*, Die Erfüllungspflichten des Arbeitgebers im Lohnsteuerverfahren, 2005; *Drüen*, Die Indienstnahme Privater für den Vollzug von Steuergesetzen, 2012.

[191] Aus der Rechtsprechung BVerfGE 22, 380 (382 ff.); 30, 292 (311, 324); 33, 240 (244 ff.); 57, 139 (158 f.); 68, 155 (170 ff.); 109, 64 (88).

sich wiederum als Berufsausübungsregelung darstellt oder auch die Eigentumsnutzung beschränkt.[192] Verbleibt die finanzielle Last aus einer staatlichen Preisbindung bei einer Vertragspartei, prüft das Bundesverfassungsgericht die Verhältnismäßigkeit der verbleibenden Last.[193] Inhaltlich werden dabei Verantwortlichkeitserwägungen vorgenommen, wie sie aus der Sonderabgabendogmatik bekannt sind.

f) Kostenübernahmen bei sächlicher Hilfe

Ergibt sich eine Finanzhilfe aus der staatlichen Kostenübernahme für eine sächliche Hilfe, stellt sich die Lage verfassungsrechtlich so dar wie bei der originären Gewährung einer Finanzhilfe auf Grundlage eines eigenständigen Antragsverfahrens.[194]

3. Verifikation und Praktikabilität

Stets haben Verfahren zur staatlichen Vergabe von Finanzhilfen zwischen der gebotenen Verifikation des Vorliegens der Vergabevoraussetzungen und den Erfordernissen der Praktikabilität zu vermitteln. Die Verifikation stellt einen rechtmäßigen und damit auch gleichheitsgerechten Vollzug von Förderprogrammen sicher. Die Praktikabilität ist Voraussetzung dafür, dass überhaupt vollzogen werden kann. Praktikabilität ist nicht nur aus der Perspektive der mit begrenzten Ressourcen ausgestatteten staatlichen Verwaltung bedeutsam. Auch aus Sicht des Antragstellers sind praktikable Verfahren unerlässlich.

4. Recht auf informationelle Selbstbestimmung

a) Schutzbereich und Eingriff

Das Recht auf informationelle Selbstbestimmung (Art. 2 Abs. 1 iVm Art. 1 Abs. 1 GG) schützt die selbstbestimmte Verfügung über persönliche Daten. In das Recht wird eingegriffen, wenn der Staat im Verwaltungsverfahren persönliche Daten des Bürgers erhebt, speichert, verwendet und weitergibt.[195] Bei Anträgen auf Fördermittel stellt der Bürger seine Daten zwar grundsätzlich freiwillig zur Verfügung. Anders ist aber die Bereitstellung von Daten für den Erhalt solcher Leistungen einzuordnen, die das Existenzminimum

---

[192] *Kube/Palm/Seiler*, NJW 2003, 927 ff.; *Altrock*, Subventionierende Preisregelungen, 2002; *v. Stockhausen*, Gesetzliche Preisintervention zur Finanzierung öffentlicher Aufgaben, 2007.
[193] Anschaulich BVerfGE 114, 196 (249 f.). (Rabattzwang bei Arzneimitteln).
[194] Siehe soeben oben zum verfassungsrechtlichen Rahmen bei eigenständigen Antragsverfahren.
[195] BVerfGE 65, 1 (42 f.); 78, 77 (84); 84, 192 (194); 115, 166 (188).

absichern sollen; hier kann ein faktischer Bereitstellungszwang bestehen.[196]

b) Verhältnismäßige Ausgestaltung

Der Eingriff in das Recht auf informationelle Selbstbestimmung unterliegt dem einfachen Gesetzesvorbehalt. Die Verhältnismäßigkeitsprüfung hat vom übergreifenden Ziel der Datenerhebung und -verarbeitung auszugehen, das darin besteht, einen funktionsfähigen und effektiven Verwaltungsvollzug sicherzustellen.[197] Das Gewicht dieser Zielsetzung ist jeweils aus dem konkreten Verwaltungszusammenhang abzuleiten. So ist die Effektivität des Vollzugs im Bereich der Bereitstellung existenznotwendiger Leistungen überragend bedeutsam. Im Bereich von Fördermaßnahmen, die jenseits der Existenzsicherung liegen, sind deren Wert und die Bedeutung einer gleichheitsgerechten Förderung in Rechnung zu stellen.[198]

Im Zentrum der aktuellen Diskussion über verhältnismäßige Maßnahmen der behördlichen Datenerhebung und -verarbeitung steht das Konzept einer nur einmaligen Datenbereitstellung durch den Bürger (once-only-Prinzip).[199] Das Registermodernisierungsgesetz von März 2021[200] dient der Verwirklichung dieses Konzepts. Der anschließende Datenaustausch zwischen Behörden soll mithilfe der Steuer-ID als Zuordnungsnummer ermöglicht werden. Ein solcher Datenaustausch wird teilweise kritisch gesehen, weil er zu einer Profilbildung beitragen könne.[201] Doch wird zu Recht darauf hingewiesen, dass das System des Datenaustauschs als solches nicht zu einem Persönlichkeitsprofil des Bürgers führt, sondern vielmehr dazu dient, einzelne Daten fehlerfrei dem jeweiligen Bürger zuordnen zu können.[202]

Ein Vorgehen nach dem once-only-Prinzip kann in besonderer Weise der Anforderung der Erforderlichkeit genügen. Relativierend wirkt freilich, dass das once-only-Prinzip einen Verlust an Kontrolle

---

[196] In diese Richtung auch VerfGH RLP, Beschl. vom 27.10.2017 – VGH B 37/16, Rn. 29.
[197] Siehe etwa *Martini/Wagner/Wenzel*, Rechtliche Grenzen einer Personen- bzw. Unternehmenskennziffer in staatlichen Registern, 2017, S. 61; *Peuker*, NVwZ 2021, 1167 (1170).
[198] Zu diesem Zweck im Zusammenhang mit der Einführung der Steuer-ID als Zuordnungsnummer BT-Drs. 19/24226, 65.
[199] *Marquardsen*, in: Kube/Reimer (Hrsg.), Heidelberger Beiträge zum Finanz- und Steuerrecht Bd. 19, 2022, S. 5 (9f.).
[200] Gesetz zur Einführung und Verwendung einer Identifikationsnummer in der öffentlichen Verwaltung und zur Änderung weiterer Gesetze (Registermodernisierungsgesetz – RegMoG) vom 28.3.2021 (BGBl. 2021 I 591).
[201] Vgl. *Bull*, DÖV 2022, 261 (264, 270f.).
[202] *Peuker*, NVwZ 2021, 1167 (1170).

über die künftige Verwendung der Daten mit sich bringen kann. Diesem möglichen Kontrollverlust ist durch die technische Verfahrensausgestaltung zu begegnen.[203] Bei entsprechender Ausgestaltung spricht im Ergebnis viel für das once-only-Prinzip; gerade auch zur Vorsorge für Krisenzeiten, in denen rasch agiert werden muss.

V. Sachgerechte Ausgestaltung finanzieller Krisenhilfen

Auf Grundlage der Bestandsaufnahme der finanziellen Krisenhilfen der letzten Jahre (II.), ihrer Systematisierung (III.) und der Verdeutlichung der materiellen Verfassungsmaßstäbe (IV.) lassen sich Aussagen darüber treffen, wie finanzielle Krisenhilfen sachgerecht ausgestaltet werden können, insbesondere bedarfsgerecht und praktikabel.

1. Produktbezogene Entlastungen

a) Preisbremsen

Bei einer krisenbedingten Verteuerung bestimmter Produkte ist eine vergleichsweise zielgenaue Hilfe durch die staatliche Kompensation der Verteuerung der Produkte möglich.[204] Die Hilfe erreicht dabei genau diejenigen Personen und Unternehmen, die von der Verteuerung unmittelbar betroffen sind. Feinjustierungen sind denkbar, so durch eine nur anteilige Kostenübernahme. Die Energiepreisbremsen[205] sind ein idealtypisches Beispiel.

Die technische Überbringung dieser Art von Hilfen ist einfach. Der Unterstützungsbedarf wird durch den Konsum des verteuerten Produkts indiziert. Mithin kann die Entlastung an die Konsumakte anknüpfen. Dabei bieten sich staatliche Ausgleichszahlungen an die als Multiplikatoren agierenden Produktanbieter an, die die Produkte dann preisentlastet weiterreichen. Der Eingriff in die Markttransaktion stellt sich als Grundrechtseingriff – insbesondere zulasten der Anbieter – dar, dessen Verhältnismäßigkeit aber durch die finanzielle Kompensation gesichert wird.[206]

Schwächen hat dieser Ansatz insoweit, als dadurch – in der Anonymität des Marktes – auch der Verbrauch durch wirtschaftlich leistungsfähige Konsumenten und der Einkauf wirtschaftlich leis-

---

[203] *Martini/Wagner/Wenzel*, Rechtliche Grenzen einer Personen- bzw. Unternehmenskennziffer in staatlichen Registern, 2017, S. 34ff.; *Sorge/Leicht*, ZRP 2020, 242ff.; *Peuker*, NVwZ 2021, 1167 (1170ff.).
[204] Ebenso *Sachverständigenrat zur Begutachtung der gesamtwirtschaftlichen Entwicklung*, Jahresgutachten 2022/23, Dezember 2022, Rn. 161.
[205] → II. 2. c).
[206] Vgl. zu diesem Zusammenhang → IV. 2. e).

tungsfähiger Unternehmen subventioniert wird. Hier droht eine über die Bedürftigkeit deutlich hinausgehende „Wohlstandssubventionierung", die dem Gebot der vertikalen Bedarfsgerechtigkeit[207] widerspricht.[208] Zur Gegensteuerung können Preisbremsen mit ergänzenden, auf die individuelle Situation der Betroffenen abgestimmten Hilfeleistungen kombiniert werden. Ein anschauliches Beispiel sind die Heizkostenzuschüsse für bedürftige Personengruppen in den Entlastungspaketen I, II und III.[209]

b) Verbrauchsteuerentlastungen

In die gleiche Richtung wie Preisbremsen zielen Entlastungen von besonderen Verbrauchsteuern. Beispiel für eine solche Entlastung war die vorübergehende Senkung der Energiesteuer auf Kraftstoffe (Tankrabatt).[210] Hier ist freilich entscheidend, ob und inwieweit die Entlastung an die Verbraucher weitergegeben wird. Verbrauchsteuerentlastungen wirken ebenso wie Preisbremsen einerseits spezifisch, begünstigen in der Anonymität des Marktes aber andererseits auch Konsumenten und Unternehmen, die nicht oder kaum bedürftig sind.[211] Zur Abhilfe bietet sich auch an dieser Stelle eine Kombination mit ergänzenden Instrumenten an.

Dass eine Verbrauchsteuerentlastung ebenso wie eine Preisbremse den durch die ursprüngliche Marktpreiserhöhung gesetzten Anreiz, weniger zu konsumieren, konterkariert,[212] steht für sich.

c) Zielgenaue Hilfe nur bei bestimmten Krisen

Die produktbezogenen Instrumente der Preisbremsen und der Verbrauchsteuerentlastungen zeigen deutlich, dass finanzielle Krisenhilfe vielfach krisenspezifisch ist. Zielgenau geholfen werden kann mit diesen Instrumenten nur dann, wenn sich eine Krise aus der Verteuerung bestimmter Produkte ergibt.

Führt der Staat eine Preisbremse für ein bestimmtes Produkt dagegen in einem Fall ein, in dem dieses Produkt nicht von einer

---

[207] → IV. 1. a) bb).
[208] *Rixen*, SGb 2023, 137 (138 f.) sieht die Mitbegünstigung nicht-bedürftiger Personen durch die Energiepreisbremsen als vom Sozialstaatsprinzip gedeckt an, weil die Energiepreisbremsen zumindest für viele Haushalte in praktikabler Weise zur Sicherung des Existenzminimums beitragen.
[209] → II. 2. a) aa) und b) aa).
[210] → II. 2. a) bb).
[211] Deshalb kritisch *Feld/Weber*, ifo Schnelldienst 11/2022, S. 13 (14); *Schumacher u.a.*, Energiepreiskrise: Wie sozial und nachhaltig sind die Entlastungspakete der Bundesregierung?, November 2022, S. 17; *Ekardt/Rath*, NZS 2023, 206 (211).
[212] Unter diesem Gesichtspunkt kritisch zum Tankrabatt *Schnellenbach*, ifo Schnelldienst 11/2022, S. 10 (12).

krisenhaften Preissteigerung betroffen ist, dann wird die Preisbremse zu einer unspezifischen allgemeinen Subvention, die sich auch durch weitergehende Lenkungszwecke rechtfertigen mag. Ein Beispiel hierfür ist das 9 Euro- bzw. 49 Euro-Ticket.[213]

2. Direkte finanzielle Hilfen für Privatpersonen

Oftmals werden Krisenlagen nicht produktbezogene, sondern direkte finanzielle Hilfen für Privatpersonen erfordern. Derartige Hilfen können auf vielfältigen Wegen erbracht werden.

a) Staatliche Kostenübernahmen bei sächlichen Maßnahmen zur Krisenbewältigung

Ähnlich zielgenau wie produktbezogene Entlastungen wirken staatliche Kostenübernahmen bei sächlichen Maßnahmen der Krisenbewältigung. Ein Beispiel ist die staatliche Kostenübernahme für Impfungen und Tests in der COVID-19-Pandemie.[214] Ein weiteres Beispiel sind die sächlichen Hilfen des Staates im Fall der Flutkatastrophe 2021.[215] Diese Hilfen stellen sich für die Bürger als direkte finanzielle Hilfen dar. Zugleich haben sie aber wie die produktbezogenen Entlastungen einen Gegenstands- und über diesen einen Krisenbezug, der für ihre Zielgenauigkeit sorgt.

Soweit auch Menschen in den Genuss derartiger Hilfen kommen, die nicht im engeren Sinne bedürftig sind,[216] sind auch hier Differenzierungen nach Maßgabe der Informationen denkbar, die in den Sozialsystemen vorhanden sind.[217] Im Fall lokaler Krisen wie bei einer Flutkatastrophe werden von den kostenlosen staatlichen Maßnahmen zur Krisenbewältigung freilich typischerweise Menschen profitieren, die im engeren Sinne bedürftig (geworden) sind.

b) Überweisung liquider Mittel – Nutzbarmachung der Sozialsysteme und des Steuersystems

Vor größere Herausforderungen an die Zielgenauigkeit stellen demgegenüber direkte finanzielle Krisenhilfen des Staates, die nicht

---

[213] → II. 2. a) cc) und b) cc).
[214] → II. 1. a).
[215] → II. 3. d).
[216] Soweit die Leistungen formal über die gesetzliche Krankenversicherung abgewickelt werden (→ II. 1. a)), gilt an erster Stelle freilich das Prinzip einer durch den Solidargedanken modifizierten Äquivalenz im Gegenleistungsverhältnis (→ IV. 2. b)). Bei materieller Betrachtung erhielten die GKV-Versicherten die Leistungen aber ebenso wie die nicht GKV-Versicherten ohne spezifische Gegenleistung, insbesondere zulasten des Steuerzuschusses (→ III. 2. f)).
[217] Ein Beispiel war die kostenlose Ausgabe von Schutzmasken bei Vorlage eines Berechtigungsscheins; → II. 1. a).

über kostenlos bereitgestellte Güter vermittelt werden, welche einen Krisenbezug herstellen.

aa) Sicherstellung der Mittelvergabe nach Bedürftigkeit

Bei Großkrisen, die Mittelbedarfe in größeren Teilen der Bevölkerung mit sich bringen, so etwa durch Konjunktureinbrüche oder auch eine erhebliche Verbraucherpreisinflation, kann man bedürftige Personengruppen gesetzlich eigenständig zu typisieren versuchen. Die Praxis der letzten Jahre hat allerdings gezeigt, dass es am zielführendsten erscheint, hier an erster Stelle an bereits bestehende Systeme anzuknüpfen.

Soweit Personen bereits in den sozialen Sicherungssystemen erfasst sind, können Krisenhilfen auf schon bestehende Sozialleistungen aufgesattelt werden. Hiervon ist in der COVID-19-Pandemie und in der Energiekrise vielfach Gebrauch gemacht worden. Die vulnerable Gruppe der Rentnerinnen und Rentner lässt sich über das gesetzliche Rentenversicherungssystem erreichen.[218] Entsprechendes gilt für die Empfänger von BAföG und vergleichbare Gruppen.[219]

Weitere Möglichkeiten eröffnet daneben die Nutzbarmachung des Steuersystems. Der Finanzverwaltung liegen umfangreiche Informationen über die finanzielle Situation der Steuerpflichtigen vor, an die zur Auskehrung finanzieller Krisenhilfe angeknüpft werden könnte. Dies sind Informationen über die Einkommenssituation, über Umsätze und über vieles andere mehr. Hier stellt sich allerdings die Frage nach der Abstimmung der Informationsbedarfe des krisenbewältigenden Leistungsstaates mit dem Steuergeheimnis (§ 30 AO). Eine Lösung könnte in der Beschränkung der Weitergabe auf aggregierte Daten bestehen, insbesondere auf die Höhe des zu versteuernden Einkommens. Zwar sind viele der Informationen, die der Finanzverwaltung über die Steuerpflichtigen vorliegen, nicht ganz aktuell. Doch wird man oftmals von älteren Daten auf die aktuelle Lage schließen können. Auch liegen vielfach aktuelle Umsatzsteuervoranmeldungen und Einkommensteuervorauszahlungen vor. Im Ganzen ergeben sich hier interessante und empfehlenswerte Möglichkeiten der Informationsgewinnung, um eine bedarfsgerechte Krisenunterstützung zu erreichen.[220]

---

[218] Vgl. etwa die Energiepreispauschale für Rentnerinnen und Rentner; dazu → II. 2. b) aa).

[219] Vgl. etwa die insoweit aufgesattelte Auszahlung der Heizkostenzuschüsse; dazu → II. 2. a) aa) und b) aa).

[220] Zu einer Möglichkeit der technischen Umsetzung näher sogleich → V. 2. b) bb). Für einen Rückgriff auf die den Finanzämtern vorliegenden Informationen auch *Schnellenbach*, ifo Schnelldienst 11/2022, S. 10 (12); *Hentze*, ifo Schnelldienst 11/2022, S. 7 (9) schlägt vor, finanzielle Hilfen nach dem Einkommensteuer-Durchschnittssteuersatz eines Steuerpflichtigen zu bemessen.

Ein ergänzender Weg, der in der Energiekrise gewählt wurde, um die finanzielle Hilfe bedürftigkeitsgerecht zu staffeln, besteht darin, die Hilfeleistungen einkommensteuerbar zu stellen, konkret die Energiepreispauschale für Rentnerinnen, Rentner und Versorgungsbezieher des Bundes (§ 22 Nr. 1 Satz 3 lit. c und § 19 Abs. 3 EStG), die Energiepreispauschale für Erwerbstätige (§§ 112–122 EStG) und die sogenannte Dezember-Soforthilfe (§§ 123–126 EStG aF).[221] Infolge des progressiven Einkommensteuertarifs führt die Besteuerung im Ergebnis zu einem unterschiedlich hohen Verbleib der Hilfe gemäß der Einkommenssituation der Steuerpflichtigen. Hier werden die einkommensbezogenen Informationen über die Steuerpflichtigen also nicht etwa genutzt, um die Hilfe in unterschiedlicher Höhe auszuzahlen, sondern die Differenzierung ergibt sich erst aus der Besteuerung. Diesen Weg zu gehen, hat jedoch einen hohen Preis. Erstens wird die soziale Staffelung erst lange nach der Auszahlung der Hilfe, im Zeitpunkt der Besteuerung, erreicht. Zweitens fordert die Vorgehensweise die verfassungsrechtlich fundierte Einkommensteuerdogmatik[222] erheblich heraus. Denn die staatliche Hilfe ist kein originäres Einkommen,[223] das am Markt erwirtschaftet wurde und das durch die Einkommensteuer belastet wird, um den Staat am Erfolg dieses Wirtschaftens teilhaben zu lassen.[224] Und drittens begründet die Einkommensbesteuerung der Hilfen einen beträchtlichen Mehraufwand nicht nur zulasten der Steuerpflichtigen, sondern insbesondere auch zulasten der Finanzverwaltung, gegebenenfalls sogar durch zahlreiche zusätzliche Fälle erforderlicher Einkommensteuerveranlagung. Weil der prognostizierte Aufwand für die Finanzverwaltung außer Verhältnis zum fiskalischen Ertrag zu geraten drohte, wurden die §§ 123–126 EStG wieder gestrichen, wurde also auf die Besteuerung der Dezember-Soforthilfe verzichtet.[225] Aus all diesen Gründen ist davon abzuraten, finanzielle Krisenhilfen zu besteuern, um sie bedürftigkeitsgerecht auszudifferenzieren.

Der Weg über die Sozialsysteme und der Weg über das Einkommensteuersystem stehen, mit Blick auf die zu erreichenden Personen, grundsätzlich komplementär. So sollte sich durch eine Kombination beider Wege ein sehr großer Teil der Bevölkerung erfassen lassen. Ob und inwieweit allerdings der Maßstab der vertikalen und hori-

---

[221] → II. 2. a) aa), b) aa) und c).
[222] → IV. 2. c).
[223] Ebenso kritisch *Kanzler,* FR 2022, 641 (643); *Mendler,* FR 2023, 294 (295) (für die Dezember-Soforthilfe); *Horstmann,* DStR 2023, 481 (485, 489) sieht zwar keinen Systembruch, kritisiert den Einsatz des Steuerrechts als „Werkzeug zur Herstellung sozialer Gerechtigkeit" aber wegen der damit nur eingeschränkt gegebenen Möglichkeit, die finanzielle Zuwendung wieder abzuschöpfen.
[224] Siehe dazu → IV. 2. c).
[225] → II. 2. c).

zontalen Bedarfsgerechtigkeit überhaupt eine finanzielle Unterstützung von Personengruppen jenseits der Empfänger von Grundsicherungsleistungen und möglicherweise der Gruppe oder Teilen der Gruppe der Rentnerinnen und Rentner erfordert, wird vor allem von Art und Ausmaß einer Krise abhängen. Klar ist jedoch, dass auch bei einer staatlichen Hilfeleistung, die trotz nur schwach erkennbarer Bedürftigkeit gewährt wird, gleichheitsgerecht gehandelt werden muss.[226] Stellt sich in diesem Zusammenhang heraus, dass eine danach zu begünstigende Gruppe in der praktischen Umsetzung nur schwer durch finanzielle Hilfe zu erreichen ist, kann dies dafür sprechen, das Niveau an Hilfeleistung insgesamt etwas niedriger anzusetzen, um die Gleichheit zu wahren.

bb) Auszahlungswege – aktuelle technische Entwicklungen

Soweit finanzielle Hilfe in Anknüpfung an Informationen gewährt wird, die in den Sozialsystemen vorhanden sind, ist die technische Auszahlung grundsätzlich unproblematisch. Denn die in den Sozialsystemen vorhandenen Informationen umfassen in aller Regel auch eine nutzbare Kontoverbindung.

Sollen Mittel in Anknüpfung an Informationen über die Einkommenssituation und die sonstigen persönlichen Verhältnisse eines Steuerpflichtigen gewährt werden, die im Steuersystem vorhanden sind, kommt eine Auszahlung aufgrund der Daten in Betracht, die beim Bundeszentralamt für Steuern (BZSt) vorgehalten werden. Diesbezüglich ist eine Gesetzesänderung von Dezember 2022[227] von Bedeutung, durch die § 139b AO um Vorschriften ergänzt wurde, die eine zuverlässige Abwicklung der Auszahlung unbarer Leistungen ermöglichen sollen.[228] So kann das BZSt nunmehr die internationale Kontonummer (IBAN), bei ausländischen Kreditinstituten auch den internationalen Banken-Identifizierungsschlüssel (BIC) von Steuerpflichtigen speichern und mit deren Steueridentifikationsnummer (Steuer-ID) verknüpfen (§ 139b Abs. 3a AO). Die Kontoinformationen können dem BZSt freiwillig übermittelt werden; soweit sie im Rahmen der Kindergeldverwaltung bereits vorhanden sind, werden sie zwischenbehördlich weitergegeben (§ 139b Abs. 10 AO). § 139b Abs. 4c AO stellt entsprechend den datenschutzrechtlichen Anforderungen klar, dass die Informationen zur Ermöglichung der unbaren Auszahlung von Leistungen aus öffentlichen Mitteln gespeichert werden. Das BZSt darf die Informationen zu diesem

---

[226] Vgl. diesbezüglich die Energiepreispauschale für Erwerbstätige (dazu → II. 2. a) aa)) und für Studierende, Fachschülerinnen und Fachschüler (dazu → II. 2. b) aa)).
[227] Jahressteuergesetz 2022 (JStG 2022) vom 16.12.2022 (BGBl. 2022 I 2294).
[228] BT-Drs. 20/3879, 136 ff.; dazu *Brandis*, in: Tipke/Kruse, AO/FGO, Stand: Oktober 2023, § 139b Rn. 4; *Baum*, NWB 2022, 2896 ff.

Zweck an die für die Auszahlung zuständigen Stellen weiterleiten (§ 139b Abs. 12 AO).

Damit ist eine vielversprechende Grundlage für die effiziente künftige Auszahlung finanzieller Hilfen an Privatpersonen geschaffen, zumal eine Steuer-ID jedem Steuerpflichtigen und jeder sonstigen natürlichen Person, die bei einer öffentlichen Stelle ein Verwaltungsverfahren führt, einheitlich und dauerhaft zugewiesen wird (§ 139a Abs. 1 Satz 1 AO). Weil die Steuer-ID zugrunde liegt, lässt sich auf diesem Wege potentiell auch an materielle Informationen über den Steuerpflichtigen im Steuersystem anknüpfen, um die finanzielle Hilfe sachgerecht zu bemessen.[229] Nach gegenwärtigem Stand erlaubt § 139b AO die Heranziehung dieser materiellen Informationen und ihre Weitergabe an eine Auszahlungsstelle jedoch nicht.[230] Dazu bedürfte es einer eigenständigen Ermächtigungsgrundlage, deren Einführung – auch im Sinne des once-only-Prinzips[231] – zu empfehlen ist.[232]

Eine weitere Einschränkung ergibt sich daneben daraus, dass die Bereitstellung der Kontoverbindung zum Zweck ihrer Verknüpfung mit der Steuer-ID bislang grundsätzlich freiwillig ist („können" in § 139b Abs. 10 Satz 1 AO). Eine gesetzliche Verpflichtung zur Bereitstellung von IBAN oder auch BIC durch alle Personen, die das 18. Lebensjahr vollendet haben und über eine Steuer-ID verfügen, könnte erwägenswert sein, um den Datensatz zu vervollständigen. Jedoch wäre der dadurch bewirkte Eingriff in das Grundrecht auf informationelle Selbstbestimmung erheblich, zumal es im Regelfall um finanzielle Hilfen jenseits der Sicherung des Existenzminimums ginge. So erscheint der Weg über die Freiwilligkeit und über die schrittweise Ergänzung des Datensatzes, insbesondere unter Nutzung der Daten der Familienkassen (§ 139b Abs. 10 Satz 2 AO) und der Kontoinformationen, die in Einkommensteuererklärungen mitgeteilt werden, verfassungsrechtlich vorzugswürdig.

Darüber hinaus bietet das Steuersystem schließlich die Option, die Arbeitgeber im technischen Regelungsrahmen des Lohnsteuerverfahrens zu verpflichten, finanzielle Hilfen zusammen mit der Lohnzahlung auszuzahlen. Die Energiepreispauschale für Erwerbstätige wurde in der ganz überwiegenden Zahl der Fälle auf diesem Wege ausgekehrt (§ 117 EStG).[233] Die Indienstnahme der Arbeitgeber erscheint als effiziente Möglichkeit, staatliche Finanzhilfe zu leisten.

---

[229] Siehe dazu soeben → V. 2. b) aa).
[230] So auch *Horstmann*, DStR 2023, 481 (489); *Horstmann*, in: Brandis/Heuermann, Ertragsteuerrecht, 166 EL 02/2023, § 112 EStG Rn. 18.
[231] → IV. 4. b).
[232] Siehe auch dazu bereits soeben → V. 2. b) aa).
[233] → II. 2. a) aa).

Einschränkend gilt, dass auf diesem Wege nur Lohnsteuerpflichtige erreicht werden können. Zudem stellt sich die Frage, wie die Bedarfsgerechtigkeit von Auszahlungen sicherzustellen ist. Schließlich wäre zu prüfen, ob bei umfangreicherer Inanspruchnahme der Arbeitgeber aus verfassungsrechtlichen Gründen eine staatliche Aufwandsentschädigung geboten sein kann.[234] Wird demgegenüber der Weg konsequent weiter beschritten, der über die Ergänzung von § 139b AO eingeleitet wurde,[235] könnte auf die diesbezügliche Indienstnahme der Arbeitgeber in Zukunft ganz verzichtet werden.

3. Direkte finanzielle Hilfen für Unternehmen

a) Bedarfsgerechte Unterstützung in Abhängigkeit von Art und Ausmaß der Krise – Empfehlung gesetzlicher Vorstrukturierung

Sowohl in der COVID-19-Pandemie als auch in der Energiekrise wurden umfangreiche direkte finanzielle Hilfen für Unternehmen geleistet. Welche Branchen auf welche Weise Unterstützung brauchen, hängt stark von Natur und Ausmaß der Krise ab. Was die letzten Jahre allerdings deutlich gezeigt haben, ist zum einen, dass sich hier ein Spektrum bestimmter, vorrangig in Betracht kommender Hilfen ergibt. Zum anderen muss bei ihrer Ausgestaltung ein besonderes Augenmerk darauf gelegt werden, dass dem Maßstab der vertikalen und insbesondere auch der horizontalen Bedarfsgerechtigkeit entsprochen wird.[236] Aus diesen Gründen ist hier eine vorausschauende, prospektive Gesetzgebung zu empfehlen, die rahmensetzenden Charakter für künftige Wirtschaftshilfen haben könnte.

b) Eignung eigenständiger Antragsverfahren

Die konkrete Situation eines wirtschaftlichen Unternehmens ist von zahlreichen Faktoren abhängig, die die Verantwortlichen des Unternehmens am besten kennen. Als Wirtschaftsteilnehmern ist es ihnen zuzumuten, zu prüfen, ob das Unternehmen die Voraussetzungen für staatliche Krisenhilfe erfüllt. Auch ist ihnen zuzumuten, unter Vorlage der erforderlichen Informationen und Nachweise Hilfe zu beantragen. Staatlichen Stellen liegen die erforderlichen Informationen dagegen in der Regel nicht aufbereitet vor. Dies spricht für eine Hilfegewährung für Unternehmen auf Grundlage eigenständiger Antragsverfahren. Die Erfahrungen der letzten Jahre können dazu beitragen, neue Krisenhilfen für die Wirtschaft auch technisch sachgerecht auszugestalten.

---

[234] Siehe zur verfassungsrechtlichen Beurteilung der Indienstnahme der Arbeitgeber → IV. 2. d).
[235] Siehe soeben oben im gleichen Abschnitt.
[236] Siehe zu diesem Maßstab → IV. 1. b).

4. Steuerliche Entlastungen für Bürger und Unternehmen

a) Kurz- und mittelfristige steuerliche Entlastungen in der Fläche

Mittels des direkten Steuerrechts lassen sich finanzielle Entlastungen zugunsten der Bevölkerung wie auch kleiner und mittlerer Unternehmen in Form von Personengesellschaften, in diesem Sinne Entlastungen in der Fläche, gut verwirklichen. Bei großen Unternehmen liegen demgegenüber stärker einzelfallbezogene Maßnahmen nahe, mithin finanzielle Hilfen auf Grundlage eigenständiger Antragsverfahren.[237]

Für eine zeitgerechte Hilfe sollten materielle Steuerentlastungen, die erst über die Veranlagung wirken, mit kurzfristigen, insbesondere in laufende Verfahren eingearbeiteten Entlastungen kombiniert werden. Beispiele für letztere Entlastungen sind die gesetzliche Herabsetzung von Einkommensteuervorauszahlungen und die zeitliche Vorziehung des voraussichtlichen Verlustrücktrags, weiterhin die erleichterte zinslose Stundung, die Aussetzung der Vollstreckung und die Fristverlängerung bei der Abgabe von Steuererklärungen.

Gleichheitsrechtliche Fragen stellen sich hier in deutlich geringerem Umfang als bei direkten finanziellen Hilfen, weil das Steuerrecht allgemein wirkt.

Entlastungen im Bereich der Verbrauchsteuern wirken ebenfalls in der Fläche und zudem sehr kurzfristig. Deshalb sind auch sie zur Bekämpfung und Bewältigung entsprechender Krisen geeignet.[238] Freilich ist die Steuer- und damit Entlastungsinzidenz im Einzelfall zu prognostizieren und im Verlauf zu überwachen.

b) Steuerliche Maßnahmen bei lokalen Krisen – Parlamentsgesetzliche Absicherung

Gesondert zu würdigen ist die Situation einer lokalen Krise. Weil das deutsche Steuerrecht überwiegend bundesrechtlich geregelt ist, ist bei lokalen Krisen eine geographisch oder in anderer Weise sachlich eingegrenzte Anordnung von Entlastungsmaßnahmen erforderlich. Diese Anordnung wurde in den durch die Flutkatastrophe 2021 betroffenen Ländern mittels Katastrophenerlassen vorgenommen, deren Geltungsbereich räumlich begrenzt war.[239] Zur Wahrung des Grundsatzes des Gesetzesvorbehalts sollte eine genauere parlamentsgesetzliche Grundlage für Katastrophenerlasse geschaffen werden, die die jeweils zuständigen Stellen ermächtigt, re-

---

[237] Siehe soeben → V. 3. b).
[238] Siehe bereits → V. 1. b) und c).
[239] → II. 3. c).

gional begrenzt bestimmte steuerliche Entlastungsmaßnahmen bei Vorliegen einer Krise[240] zu ergreifen.

5. Staatliche Aktivierung der Zivilgesellschaft

Sozialstaatlichkeit verlangt über unmittelbare staatliche Leistungen hinaus auch, dass der Staat das gesellschaftliche Miteinander ermöglicht und pflegt, gerade auch in Krisenzeiten.[241] Dies drängt auf die staatliche Unterstützung von Institutionen und Strukturen, die die private Krisenhilfe von Menschen untereinander rahmen und erleichtern. So ist an die finanzielle und organisatorische Unterstützung von Vereinen und sonstigen Initiativen zu denken, die sich in den Dienst der Bewältigung einer Krise stellen. Auch durch das Steuerrecht können hier Anreize gesetzt werden. Anschauliches Beispiel ist die vom Vorliegen einer Krise abhängige Ermöglichung des einkommensteuerlichen Spendenabzugs bei Direktspenden zwischen Privatpersonen.[242]

Bei lokalen Krisen liegt die staatliche Aktivierung der Zivilgesellschaft besonders nahe. Denn hier wird sich gesellschaftliches Engagement vergleichsweise einfach wecken lassen. Auch können diesbezügliche staatliche Maßnahmen eher großzügig angelegt sein. Denn erstens lässt sich das Vorliegen der tatbestandlichen Voraussetzungen der Unterstützung in einem überschaubaren Bereich leichter kontrollieren. Zweitens ist das erforderliche Volumen an Hilfe begrenzt. Und drittens entstünde selbst bei vereinzeltem Missbrauch kein größerer Schaden.

6. Zwischenergebnis

a) Allgemeine Rahmenregelungen über finanzielle Krisenhilfen nicht geboten

Die Analyse zeigt, dass die Auswahl geeigneter finanzieller Krisenhilfen des Staates stark von Art und Ausmaß der Krise abhängt. Je nachdem, ob sich eine Krise in der Verteuerung bestimmter Güter, in allgemeiner Inflation, in der besonderen Belastung bestimmter Gruppen der Bevölkerung oder Branchen der Wirtschaft, bundesweit oder lokal niederschlägt, sind unterschiedliche Ausgestaltungen staatlicher Finanzhilfe geboten. Denkbar sind dementsprechend produktbezogene Entlastungen, Anpassungen der sozialrechtlichen Leistungskataloge, Hilfen in Anknüpfung an Informationen, die

---

[240] Siehe zum rechtsfunktionalen Krisenbegriff → I. 2.
[241] Siehe zu diesem Verfassungsgehalt, auch in seiner Verwurzelung im Subsidiaritätsgedanken, → IV. 1. a) cc).
[242] Siehe zur Ausdehnung des Spendenabzugs bei lokalen Krisen im Wege von Katastrophenerlassen soeben → V. 4. b).

im Steuersystem vorhanden sind, direkte Unternehmenshilfen oder auch steuerliche Entlastungen.

Eine vorsorgende Ergänzung des Rechtsbestandes um allgemeine Rahmenregelungen über finanzielle Krisenhilfen des Staates erscheint angesichts dieses Befundes nicht zielführend. Denn stets kommt es auf die konkrete Krise an. Die Arten vorstellbarer finanzieller Krisenhilfen sind bekannt, ebenso die verfassungsrechtlich fundierten Bemessungskriterien. Zudem sind nach dem Grundsatz des Gesetzesvorbehalts und zur jeweiligen Einpassung in die bestehenden Regelungssysteme im Bedarfsfall ohnehin spezifische Normierungen erforderlich.

Stattdessen richtet sich ein Gebot an künftige Krisengesetzgeber, bei der Ausgestaltung finanzieller Krisenhilfen auf die Erfahrungen zu bauen, die in den letzten Jahren gesammelt werden konnten. Zudem haben künftige Krisengesetzgeber die rechtlichen, gerade auch verfassungsrechtlichen und rechtssystematischen Einordnungen dieser Hilfen zu beachten.

b) Gesetzliche Vorstrukturierung finanzieller Krisenhilfen zugunsten der Wirtschaft

Besonderes gilt allerdings für die finanziellen Krisenhilfen zugunsten der Wirtschaft. Weil sich hier ein bestimmtes Spektrum vorrangig vorstellbarer Hilfen ergibt und in diesem Bereich neben der vertikalen gerade auch die horizontale Bedarfsgerechtigkeit besonders gesichert werden muss, ist eine gesetzliche, prospektive Vorstrukturierung mittels eines rahmensetzenden Gesetzes empfehlenswert. Wie sich im Weiteren zeigen wird, liegt eine gesetzliche Fundierung von Krisenhilfen zugunsten der Wirtschaft auch wegen des Grundsatzes des Gesetzesvorbehalts und zur Klarstellung der Vollzugs- und Finanzierungszuständigkeiten nahe.[243]

c) Schaffung einer Rechtsgrundlage zur Ermöglichung der Weitergabe steuerlicher Informationen

Zu empfehlen ist darüber hinaus die Schaffung einer gesetzlichen Regelung, die im Krisenfall die Weitergabe bestimmter steuerlicher Informationen, die der Finanzverwaltung vorliegen, an Auszahlungsstellen zur bedarfsgerechten Bemessung finanzieller Krisenhilfe ermöglicht.[244] Dies kann eine Erweiterung von § 139b AO[245] um Vorschriften nahelegen, die dem BZSt die Speicherung von Daten etwa über das zu versteuernde Einkommen, die Verknüpfung dieser Daten mit der Steuer-ID und ihre Übermittlung an Stellen

---

[243] → VI. 2. d), VII. 1. a) und VIII. 1. a).
[244] Siehe zu diesem Vorschlag bereits → V. 2. b) aa).
[245] Siehe zur gegenwärtigen Gestalt von § 139b AO → V. 2. b) bb).

erlauben, die finanzielle Krisenhilfen auszahlen. Zudem müssten Regelungen erlassen werden, die die Weitergabe der betreffenden steuerlichen Informationen durch die Finanzverwaltungen der Länder (vgl. Art. 108 Abs. 2 und 3 GG) an das BZSt vorsehen.

d) Schaffung einer Rechtsgrundlage für steuerliche Katastrophenerlasse

Schließlich empfiehlt sich auch die Schaffung einer gesetzlichen Ermächtigungsgrundlage für steuerliche Katastrophenerlasse, namentlich für den Fall lokaler Krisen.[246] Soweit die Erlasse einkommensteuerrechtlicher Natur sind,[247] liegt eine Ermächtigungsgrundlage im EStG nahe. Soweit die Erlasse Gegenstände des allgemeinen Steuerrechts und des Steuerverfahrens regeln,[248] bietet sich eine Ermächtigungsgrundlage in der AO an.

VI. Kompetenzfragen im Bundesstaat

Im Bundesstaat sind staatliche Krisenhilfen den Kompetenzsphären des Bundes und der Länder zuzuordnen. Die COVID-19-Pandemie hat eindrücklich vor Augen geführt, dass die föderale Aufteilung der legislativen und exekutiven Zuständigkeiten zur sächlichen Krisenhilfe anspruchsvoll sein kann. Denn während die räumliche Ausdehnung einer Pandemie ein bundeseinheitliches Vorgehen nahelegen kann, liegen wesentliche legislative und exekutive Kompetenzen, insbesondere zur Gefahrenabwehr, bei den Ländern.[249] Demgegenüber bedürfen die föderalen Zuständigkeiten für finanzielle Krisenhilfen einer eigenständigen Würdigung.

1. Gesetzgebungskompetenzen für die Ausgestaltung finanzieller Krisenhilfen

a) Sozialstaatliche Unterstützung von Privatpersonen

aa) Einschlägige Kompetenztitel und ihre Grenzen

Regelungen zur sozialstaatlichen Unterstützung von Privatpersonen durch finanzielle Krisenhilfen kann der Bundesgesetzgeber

---

[246] Siehe dazu bereits → V. 4. b).
[247] Beispielsweise die Abzugsfähigkeit von Spenden zwischen Privatpersonen (§ 10b EStG) oder die Höhe von Einkommensteuervorauszahlungen (§ 37 EStG).
[248] Beispielsweise Erklärungsfristen (§ 149 AO), Steuererlasse (§ 163 und § 227 AO), Stundungen (§ 222 AO) und die Aussetzung der Vollstreckung (§§ 249 ff. AO).
[249] So wurde die Ministerpräsidentenkonferenz (MPK) zu einem maßgeblichen Entscheidungsgremium; dazu *Waldhoff*, NJW 2021, 2772 ff.; *Schwarz/Sairinge*, NVwZ 2021, 265 ff.; *Meyer*, NVwZ 2023, 1294 ff.; allgemein *Kersten/Rixen*, Der Verfassungsstaat in der Corona-Krise, 3. Aufl. 2022, Kap. 12.

vor allem auf die konkurrierenden Gesetzgebungskompetenzen für die öffentliche Fürsorge (Art. 74 Abs. 1 Nr. 7 GG), die Sozialversicherung einschließlich der Arbeitslosenversicherung (Art. 74 Abs. 1 Nr. 12 GG), die Ausbildungsbeihilfen (Art. 74 Abs. 1 Nr. 13 GG) und das Wohngeldrecht (Art. 74 Abs. 1 Nr. 18 GG) stützen. Soweit der Bundesgesetzgeber von diesen Zuständigkeiten Gebrauch macht und bundeseinheitliche Regelungen zur finanziellen Krisenhilfe erlässt, bleibt den Ländern wenig Raum, um hier eigenständig aktiv zu werden.[250] Spiegelbildlich gilt, dass eine bundeseinheitliche Krisenhilfe für Privatpersonen mittels finanzieller Unterstützung grundsätzlich einfacher gesetzlich auszugestalten ist als mittels sächlicher Unterstützung.[251]

Zugleich sind aber – wie stets – sorgfältige Gesetzesbegründungen des Bundesgesetzgebers geboten. So wurden die Regelungen über die Dezember-Soforthilfe und die Gas- und Wärmepreisbremse ohne nähere Differenzierung kumulativ auf Art. 74 Abs. 1 Nr. 1 (bürgerliches Recht), Nr. 7 (öffentliche Fürsorge) und Nr. 11 (Energiewirtschaft) GG gestützt.[252] Für die sehr ähnlich wirkende Strompreisbremse stellte der Gesetzgeber dagegen ausschließlich auf Art. 74 Abs. 1 Nr. 11 GG (Energiewirtschaft) ab.[253] Die in das SGB V eingefügten Regelungen über die sächlichen Hilfen zur COVID-19-Bekämpfung (Impfung, Tests, Masken) wurden ohne nähere Erläuterung auch insoweit auf Art. 74 Abs. 1 Nr. 12 GG (Sozialversicherung) gestützt, als Empfänger der Hilfen Nichtversicherte sein sollten.[254] Auch die unter anderem bei Art. 74 Abs. 1 Nr. 7, 11 und 13 GG notwendige Erforderlichkeitsprüfung[255] gemäß Art. 72 Abs. 2 GG fiel in der Krisengesetzgebung mitunter sehr kurz und pauschal aus.[256]

Materiell bedeutsame Fragen wirft die Tatsache auf, dass Art. 74 Abs. 1 Nr. 7 GG (öffentliche Fürsorge) auch insoweit zugrunde gelegt wurde, als finanzielle Krisenhilfe unter anderem zugunsten von Personen ausgestaltet wurde, die nicht bedürftig im hergebrachten Sinne waren, so etwa bei der Dezember-Soforthilfe und der Gas- und Wärmepreisbremse. Der Kompetenztitel droht an

---

[250] *Schaumberg*, Sozialrecht, 4. Aufl. 2023, § 2 Rn. 40; dies gilt, obwohl der Bund gerade nicht über eine sozialrechtliche Allzuständigkeit verfügt; dazu *Papier/Shirvani*, in: Ruland/Becker/Axer (Hrsg.), Sozialrechtshandbuch (SRH), 7. Aufl. 2022, § 3 Rn. 11.
[251] Vgl. soeben → VI. vor 1.
[252] BT-Drs. 20/4373, 24 und BT-Drs. 20/4683, 55.
[253] BT-Drs. 20/4685, 71.
[254] BT-Drs. 19/23944, 23.
[255] Zu den strengen Anforderungen *Seiler*, in: BeckOK Grundgesetz, Stand: 15.8. 2023, Art. 72 Rn. 11 mwN.
[256] Siehe etwa BT-Drs. 20/4373, 24; BT-Drs. 20/4536, 8; BT-Drs. 20/4683, 55.

dieser Stelle zu verwässern. Zwar genügt für die Anwendung von Art. 74 Abs. 1 Nr. 7 GG eine „besondere Situation ... potenzieller Bedürftigkeit".[257] Gleichwohl müssen sich die auf diesen Titel gestützten Bundesregelungen am hergebrachten, dabei entwicklungsoffenen Typus der staatlichen Unterstützung von Hilfsbedürftigen orientieren.[258] Die Möglichkeiten des Bundes, finanzielle Krisenhilfen auszugestalten, sind in diesem Zusammenhang also keineswegs unbegrenzt.

bb) Regelungen im Steuerrecht

Diese Begrenzung kann und darf auch nicht durch die Nutzung des steuerrechtlichen Regelungsgefüges unterlaufen werden.[259] Zwar hat der Kompetenztitel des Bundes aus Art. 105 Abs. 2 Satz 2 GG „querschnittsartige Wirkung".[260] Doch muss jeweils ein inhaltlicher Zusammenhang mit dem Steuerrecht bestehen.[261] Zu bejahen ist dieser Zusammenhang etwa für einkommensteuerrechtliche Entlastungen durch Erhöhungen des Grundfreibetrags, der Kinderfreibeträge und der Pendlerpauschale oder auch für Entlastungen durch Umsatzsteuerermäßigungen.

Demgegenüber ist ein steuerrechtlicher Konnex der Energiepreispauschale für Erwerbstätige, von dem der Gesetzgeber bei der Normierung der §§ 112–122 EStG wohl ausging,[262] im Ganzen nicht zu erkennen. Dass die technische Auszahlung dieser Pauschale im Rahmen des Lohnsteuerverfahrens, der Einkommensteuervorauszahlungen oder der Einkommensteuerveranlagung praktikabel ist, steht außer Frage. Doch führt dies als solches nicht zur steuerrechtlichen Einordnung der finanziellen Hilfe selbst.[263] Hier ist vielmehr, soweit sie inhaltlich trägt, vor allem eine sozialstaatlich ausgerichtete Kompetenzgrundlage heranzuziehen.[264] Genuin steuerrechtlicher Natur ist nur die isolierte Regelung über die Steuerpflicht der Ener-

---

[257] BVerfGE 140, 65 (78).
[258] *Seiler*, in: BeckOK Grundgesetz, Stand: 15.8.2023, Art. 74 Rn. 23.
[259] Siehe zu dem Befund, dass zur Regelung sozialrechtlicher Anliegen auf das Steuerrecht ausgewichen wird, *Seiler*, NZS 2007, 617 ff.; *Leibohm*, Bedarfsorientierung als Prinzip des öffentlichen Finanzrechts, 2011, S. 45.
[260] *Seiler*, NZS 2007, 617 (619).
[261] Siehe aus jüngerer Zeit BVerfGE 162, 277 (299 ff.) (zur steuerrechtlichen Regelungskompetenz des Bundes für das Kindergeld).
[262] Durch die Einfügung der Regelungen aufgrund der Beschlussempfehlung des Finanzausschusses wird die kompetenzrechtliche Begründung nicht explizit gemacht; siehe BT-Drs. 20/1765.
[263] Ablehnend ebenso *Kanzler*, FR 2022, 641 (642 f.); *Neumann-Tomm*, in: Lademann, EStG, Kommentar, 276. EL 05/2023, § 112 Rn. 13. Dies verweist auf die Art. 70 ff. GG. Insoweit kritisch zum Vorliegen der Voraussetzungen des Art. 72 Abs. 2 GG *Horstmann*, in: Brandis/Heuermann (Hrsg.), Ertragsteuerrecht, 166. EL Februar 2023, § 112 EStG Rn. 8.
[264] Siehe soeben → VI. 1. a) aa).

giepreispauschale für Erwerbstätige (§ 119 EStG), die aber ihrerseits aus anderen, inhaltlichen Gründen problematisch erscheint.[265]

b) Wirtschaftshilfen

Die finanziellen Krisenhilfen zugunsten der Wirtschaft wurden teilweise auf sachgesetzgebungskompetenzrechtlicher Grundlage (wie Art. 74 Abs. 1 Nr. 11 GG), in anderen, substantiellen Teilen dagegen – insbesondere in Reaktion auf die COVID-19-Pandemie – ohne sachgesetzliche Grundlage eingeführt. Sie beruhen insoweit vielmehr auf Haushaltsgesetzgebung und zum Teil begleitender Fondserrichtungsgesetzgebung (im Bund auf Grundlage von Art. 110 Abs. 1 Satz 1, 2. HS GG)[266] sowie auf Verwaltungsvorschriften auf Bundes- wie auf Landesebene.[267] Dies führte teilweise zu parallelen Programmen des Bundes und der Länder. Auch um eine doppelte Inanspruchnahme von Hilfe zu verhindern, wurden Verwaltungsvereinbarungen geschlossen.[268] Verfassungsrechtlich stellt sich in diesem Fall nicht gesetzesakzessorischer, in diesem Sinne „gesetzesfreier" Verwaltung zum einen die Frage nach den föderalen Vollzugs- und Lastentragungszuständigkeiten,[269] zum anderen die Frage nach den Erfordernissen des Grundsatzes des Gesetzesvorbehalts.[270]

Soweit die Wirtschaft durch steuerrechtliche Bundesregelungen in der COVID-19- und der Energiekrise entlastet wurde, die auch inhaltlich steuerrechtlicher Natur waren, trägt die Gesetzgebungskompetenz aus Art. 105 Abs. 2 Satz 2 GG.

c) Lokale Krisen

Im Fall lokaler Krisen liegt die Verantwortung zunächst auf lokaler Ebene, aus föderaler Perspektive auf Ebene des betroffenen Landes gemäß Art. 30 GG. Bundesgesetzlich wurde im Fall der Flutkatastrophe 2021 jedoch das Sondervermögen Aufbauhilfe 2021 eingerichtet, um eine finanzielle Beteiligung des Bundes an der mittel- und längerfristigen Hilfe zu ermöglichen. Das zugrundeliegende Gesetz[271] wurde lediglich auf die Bundeskompetenz zur Errichtung

---

[265] → V. 2. b) aa).
[266] Art. 110 Abs. 1 Satz 1 GG erlaubt die Binnenstrukturierung des Haushalts, aber keine Sachgesetzgebung.
[267] *Becker*, in: Huster/Kingreen (Hrsg.), Handbuch Infektionsschutzrecht, 2. Aufl. 2022, Kap. 9 Rn. 57.
[268] Vgl. *Lohse*, Corona-Hilfspakete der Länder, in: Weber (Hrsg.), Rechtswörterbuch, 31. Edition 2023.
[269] Siehe dazu → VI. 2. d) und VIII. 1. a).
[270] Siehe dazu → VII. 1. a).
[271] Gesetz zur Errichtung eines Sondervermögens „Aufbauhilfe 2021" und zur vorübergehenden Aussetzung der Insolvenzantragspflicht wegen Starkregenfällen und Hochwassern im Juli 2021 sowie zur Änderung weiterer Gesetze (Aufbauhilfegesetz 2021 – AufbhG 2021) vom 10.9.2021 (BGBl. 2021 I 4147).

von Sondervermögen gemäß Art. 110 Abs. 1 Satz 1, 2. HS GG gestützt,[272] nicht dagegen auf eine Sachgesetzgebungskompetenz des Bundes. Auch in diesem Fall ist nach den föderalen Vollzugs- und Lastentragungszuständigkeiten und nach der Vereinbarkeit mit dem Grundsatz des Gesetzesvorbehalts zu fragen.[273]

d) Zwischenergebnis

Der Bund verfügt über weitreichende Gesetzgebungskompetenzen, um bundeseinheitliche Regelungen zur Auskehrung finanzieller Krisenhilfen zugunsten Privater wie auch der Wirtschaft zu schaffen. Auf eine sorgfältige kompetenzrechtliche Begründung ist aber – wie stets – zu achten. Art. 74 Abs. 1 Nr. 7 GG (öffentliche Fürsorge) lässt eine „Wohlstandssubventionierung" nicht zu. Auf Art. 105 Abs. 2 Satz 2 GG können nur Regelungen gestützt werden, die einen inhaltlichen Zusammenhang mit dem Steuerrecht aufweisen. Soweit ohne sachgesetzliche Grundlage Hilfe geleistet wird, stellen sich Fragen nach den föderalen Vollzugs- und Lastentragungszuständigkeiten und nach den Erfordernissen des Grundsatzes des Gesetzesvorbehalts.

2. Vollzug finanzieller Krisenhilfen im Bundesstaat

a) Herausforderungen des Gesetzesvollzugs, insbesondere am Beispiel der Studierenden-Energiepreispauschale

Bundesgesetze werden im Regelfall durch die Länder als eigene Angelegenheit ausgeführt (Art. 83 und 84 GG). Bei Geldleistungsgesetzen des Bundes, die vom Bund mindestens zur Hälfte finanziert werden, kommt es zu einer Bundesauftragsverwaltung durch die Länder (Art. 104a Abs. 3 Satz 2, Art. 85 GG). In den besonderen Fällen der Art. 86 ff. GG werden Bundesgesetze vom Bund vollzogen. Sehen Landesgesetze finanzielle Krisenhilfen vor, ist der Vollzug in jedem Fall Ländersache (Art. 30 GG).

Soll finanzielle Krisenhilfe auf bundessozialrechtlicher Grundlage gewährt werden, ist zu berücksichtigen, dass das Sozialrecht organisatorisch durch eine Vielzahl verschiedener Träger der unmittelbaren und mittelbaren Staatsverwaltung vollzogen wird. Finanzielle Krisenhilfen, die auf bundessozialrechtlicher Grundlage ausgekehrt werden sollen, können deshalb erhebliche Vollzugsherausforderungen mit sich bringen, nicht zuletzt Koordinierungsbedarf im Bund-Länder-Verhältnis. Dies gilt vor allem dann, wenn die Hilfe Personen gewährt werden soll, die nicht schon im jeweiligen System angelegt sind.

---

[272] BT-Drs. 19/32039, 19.
[273] → VI. 2. d), VII. 1. a) und VIII. 1. a).

Dies lässt sich am Beispiel der Energiepreispauschale veranschaulichen. Während die einmalig ausgezahlte Energiepreispauschale zugunsten der Gruppe der Rentnerinnen, Rentner und Versorgungsbezieher an die reguläre monatliche Renten- oder Versorgungszahlung angeknüpft werden konnte und die Energiepreispauschale zugunsten der großen Gruppe der nichtselbständigen Erwerbstätigen im Rahmen des Lohnsteuerverfahrens überbracht werden konnte, war eine ähnlich effiziente Verfahrensweise bei den Studierenden, Fachschülerinnen und Fachschülern nicht möglich. Eine dezentrale Auszahlung über die Hochschulen und Studierendenwerke scheiterte an der unzureichenden Datengrundlage dieser Institutionen.[274]

Der im November 2022 in den Bundestag eingebrachte Regierungsentwurf eines Studierenden-Energiepreispauschalengesetzes (EPPSG)[275] enthielt keine spezifische Regelung des Verwaltungsverfahrens. Allein in der Gesetzesbegründung hieß es, dass der Bund und die Länder gemeinsam eine digitale Antragsplattform und die dazugehörigen Komponenten eines IT-gestützten Verwaltungsverfahrens erarbeiten würden und der Bund die hierfür anfallenden Kosten tragen würde.[276] Im Anschluss an den Gesetzeserlass kam es dann zu einer umsetzungsregelnden Verwaltungsvereinbarung. Im Ergebnis wurde die digitale Plattform „einmalzahlung200.de" als Projekt nach dem Gesetz zur Verbesserung des Onlinezugangs zu Verwaltungsleistungen (OZG) eingerichtet.[277] Der Onlinedienst wurde federführend durch das Land Sachsen-Anhalt in Kooperation mit dem Bundesministerium für Bildung und Forschung entwickelt und darauf den anderen Ländern nach dem „Einer für alle"-Modell zur Nutzung zur Verfügung gestellt.[278] Die Länder erließen hierzu Durchführungsverordnungen.[279]

b) Vollzugsvereinheitlichung, insbesondere im Rahmen des OZG

Der Vollzug des EPPSG zeigt deutlich, welche Herausforderungen sich ergeben können, wenn eine bundesrechtlich geregelte finanzielle Krisenhilfe durch die Länder vollzogen werden muss; nament-

---

[274] Vgl. die Stellungnahme des Deutschen Studentenwerks und der Hochschulrektorenkonferenz zum Entwurf des EPPSG, https://www.bmbf.de.
[275] BT-Drs. 20/4536.
[276] BT-Drs. 20/4536, 2 f., 10.
[277] BT-Drs. 20/6130, 4 (Antwort der Bundesregierung auf die Kleine Anfrage der CDU/CSU-Bundestagsfraktion, BT-Drs. 20/5919).
[278] Statusbericht Oktober 2023 zur EPP für Studierende, OZG-ID 10771, https://ozg.sachsen-anhalt.de; siehe zum „Einer für alle"-Modell Nr. 11 des OZG-Leitfadens, https://leitfaden.ozg-umsetzung.de.
[279] Siehe beispielsweise für das Land Baden-Württemberg die Verordnung der Landesregierung zur Durchführung des Studierenden-Energiepreispauschalengesetzes (EPPSG-Durchführungsverordnung – DVO EPPSG) vom 28.2.2023.

lich dann, wenn die erforderlichen Verwaltungsstrukturen oder auch -informationen auf Landesebene noch nicht bestehen. Empfehlenswert erscheint, die Länder in einem solchen Fall sehr frühzeitig in den Gesetzgebungsprozess einzubeziehen. In der Sache liegt es nahe, den Verwaltungsvollzug in angemessenem Umfang zu vereinheitlichen, um effiziente Lösungen zu erreichen, insbesondere auch einen reibungslosen Datentransfer und -abgleich sicherzustellen. Das standard setting durch ein federführendes Land dürfte im Regelfall sinnvoll sein. Zukunftsweisend ist dabei eine Umsetzung als Verwaltungsleistung im Rahmen des OZG.[280]

c) Zum Vollzug auf steuerrechtlicher Grundlage

Bei einer steuerrechtlich geregelten finanziellen Krisenhilfe kann im Vollzug von den bestehenden Strukturen der Finanzverwaltung profitiert werden, gerade auch von den in diesem Bereich vollzugsvereinheitlichenden Instrumenten im föderalen Miteinander.[281] Unter diesem Gesichtspunkt kann sich finanzielle Krisenhilfe im Rahmen des Steuerrechtssystems daher anbieten. Jedoch sind, wie schon gezeigt, der finanziellen Krisenhilfe im Rahmen des Steuerrechts andere, vor allem gesetzgebungskompetenzrechtliche, materiell-steuerverfassungsrechtliche und steuersystematische Grenzen gesetzt.[282]

d) Nicht gesetzesakzessorische Leistungsverwaltung

Sollen finanzielle Krisenhilfen aufgrund von Regierungs- und Verwaltungsprogrammen ohne sachgesetzliche Grundlage gewährt werden, ist nach den föderalen Zuständigkeiten für die nicht gesetzesakzessorische Leistungsverwaltung zu fragen. Grundsätzlich sind hier die Länder nach Art. 30 GG zuständig.[283] Eine Bundeszuständigkeit kann sich in diesem Zusammenhang nur in Anknüpfung an eine geschriebene Bundesverwaltungskompetenz ergeben, insbesondere gemäß Art. 87ff. GG.[284] Darüber hinausgehende, isolierte, ungeschriebene Verwaltungszuständigkeiten des Bundes zu finanzieller Hilfeleistung im Außenverhältnis zum Bürger, etwa aus der Natur der Sache oder wegen einer „Überforderung regionaler Finanzkraft",

---

[280] Siehe dazu www.informationsplattform.ozg-umsetzung.de.
[281] Siehe etwa die aufgrund von Art. 108 Abs. 4, 4a und 7 GG möglichen Instrumente.
[282] → V. 2. b) aa) und VI. 1. a) bb).
[283] *Hermes*, in: Dreier, GG, Bd. 3, 3. Aufl. 2018, Art. 83 Rn. 28; *F. Kirchhof*, in: Dürig/Herzog/Scholz, GG, 102. EL August 2023, Art. 83 Rn. 29.
[284] *F. Kirchhof*, in: Dürig/Herzog/Scholz, GG, 102. EL August 2023, Art. 83 Rn. 29; siehe insbesondere zu Art. 87 Abs. 3 Satz 1 GG für den Fall von Finanzhilfen *Rodi*, Die Subventionsrechtsordnung, 2000, S. 336; *Krönke*, NVwZ 2022, 1606 (1609f.).

existieren nicht.²⁸⁵ An dieser Stelle ist es im Übrigen wichtig, streng zwischen der Verwaltungszuständigkeit im Verhältnis zum Bürger (Art. 30, 83 ff. GG) und der Zuständigkeit zur Lastentragung (Art. 104a ff. GG) zu unterscheiden.²⁸⁶

So war es kompetenzrechtlich zutreffend, dass die auf Regierungsprogrammen beruhenden direkten Wirtschaftshilfen in der COVID-19-Pandemie und auch die – auf Haushaltsgesetzgebung und ein Sondervermögen gestützten – Hilfen zur Bewältigung der Flutkatastrophe 2021 durch die Länder vollzogen wurden.

Sind – wie in den genannten Fällen – mehrere Länder in den Vollzug nicht gesetzlich fundierter Finanzhilfen einbezogen, sollte wiederum²⁸⁷ eine weitgehende Vollzugsvereinheitlichung angestrebt werden, insbesondere auf Grundlage digitaler Plattformen.²⁸⁸

e) Zwischenergebnis

Der Vollzug finanzieller Krisenhilfen gestaltet sich im Bundesstaat nach den allgemeinen Regeln. Sind die Länder – wie in den meisten Fällen – vollzugszuständig, sei es im Gesetzesvollzug oder beim Vollzug nicht gesetzlich fundierter Programme, sollte eine weitgehende Vollzugsvereinheitlichung angestrebt werden, insbesondere auf digitaler Grundlage. Die Finanzverwaltung bietet zwar Möglichkeiten der föderalen Vereinheitlichung, doch sind der finanziellen Krisenhilfe im Rahmen des Steuerrechts andere Grenzen gesetzt.

3. Besondere Formen föderaler Kooperation zur Entscheidung über finanzielle Krisenhilfen?

Während zur Steuerung der sächlichen Krisenbewältigung im Bundesstaat unterschiedliche, teils informelle, auch neuartige Formen der föderalen Kooperation in Betracht kommen,²⁸⁹ erscheint

---

²⁸⁵ BVerfGE 12, 205 (251); *Buscher*, Bundesstaat in Zeiten der Finanzkrise, 2010, S. 131; *Tappe*, in: Kahl/Waldhoff/Walter, Bonner Kommentar zum Grundgesetz, 221. EL 10.2023, Art. 104a Rn. 211; ebenso *Rodi*, Die Subventionsrechtsordnung, 2000, S. 334, der sodann allerdings, was nicht zustimmungswürdig ist, von der Ausweisung von Mitteln im Bundeshaushaltsplan auf eine Ermächtigung der Bundesverwaltung zur Verwaltung und Verausgabung der Mittel im Außenverhältnis schließt.

²⁸⁶ *Kube*, Finanzgewalt in der Kompetenzordnung, 2004, S. 180 ff.; siehe zur Lastentragungszuständigkeit → VIII. 1. a).

²⁸⁷ Vgl. zur Vollzugsvereinheitlichung bei zugrundeliegendem Gesetz soeben → VI. 2. b).

²⁸⁸ So wurde für die Corona-Zuschussprogramme eine bundesweit einheitliche digitale Antragsplattform entwickelt; dazu *Bundesministerium für Wirtschaft und Klimaschutz*, Überblickspapier über die Corona-Hilfen, Rückblick – Bilanz – Lessons Learned, 27.6.2022, S. 4.

²⁸⁹ Siehe zur zentralen Rolle der Ministerpräsidentenkonferenz bei der Bewältigung der Krisen der letzten Jahre bereits → VI. vor 1.; perspektivisch *de Maizière*, in: FAZ vom 22.5.2023, S. 4.

das bestehende, hergebrachte Spektrum an Organen, Kompetenzen und Verfahrensweisen als ausreichend, um im Bedarfsfall zügig und wirksam mittels finanzieller Krisenhilfen zu reagieren.

VII. Horizontale Gewaltenteilung

1. Legislative und Exekutive

a) Reichweite des Grundsatzes des Gesetzesvorbehalts bei umfangreichen Wirtschaftshilfen – Weiterer Grund für ein rahmensetzendes Bundesgesetz

Die zu großen Teilen nicht gesetzesakzessorische Gewährung der umfangreichen Krisenhilfen für die Wirtschaft wirft die Frage nach der diesbezüglichen Reichweite des Grundsatzes des Gesetzesvorbehalts auf. Soweit vertreten wird, dass hier zum Teil staatliche Entschädigungspflichten bestanden,[290] wird das Erfordernis einer parlamentsgesetzlichen Grundlage für die Hilfen aus der engen Verzahnung mit den vorausgegangenen Grundrechtseingriffen hergeleitet.[291] Doch auch darüber hinaus ist die Geltung des Gesetzesvorbehalts für umfangreiche Wirtschaftshilfen, wie sie gerade in Krisenzeiten eine Rolle spielen können, zu prüfen. Zwar kann sich das staatliche Subventionswesen grundsätzlich auf die Mittelbereitstellung im Haushalt in Verbindung mit Subventionsrichtlinien stützen.[292] Doch ist im Fall umfangreicher finanzieller Hilfen zu vergegenwärtigen, dass die bei der Auswahl der begünstigten Unternehmen vorgenommenen Differenzierungen, die Festlegungen von Kapazitätsgrenzen und die Setzungen mitverfolgter Lenkungszwecke die Grundrechte der Marktteilnehmer intensiv betreffen können.[293] Dies legt eine parlamentsgesetzliche Fundierung nahe.[294] So ist nicht nur zur inhaltlichen Vorstrukturierung,[295] sondern auch unter dem Gesichtspunkt des Gesetzesvorbehalts der Erlass eines rahmensetzenden Bundesgesetzes für umfangreiche finan-

---

[290] Dazu *Dünchheim/Gräler*, VerwArch Bd. 112 (2021), 38 ff.; *Rinze/Schwab*, NJW 2020, 1905 ff.; *Shirvani*, DVBl. 2021, 158 ff.; *Becker*, in: Huster/Kingreen (Hrsg.), Handbuch Infektionsschutzrecht, 2. Aufl. 2022, Kap. 9; siehe zur Abgrenzung → I. 4.
[291] *Krönke*, AöR Bd. 146 (2021), 50 (80 f.); zustimmend *Becker*, in: Huster/Kingreen (Hrsg.), Handbuch Infektionsschutzrecht, 2. Aufl. 2022, Kap. 9 Rn. 147.
[292] *Kühling*, in: Ehlers/Fehling/Pünder (Hrsg.), Besonderes Verwaltungsrecht, Bd. 1, 4. Aufl. 2019, § 30 Rn. 11.
[293] Siehe zu den grundrechtlichen Maßstäben bei staatlicher Wirtschaftsförderung bereits → IV. 1. b).
[294] Ähnlich *Burgi*, Mit der Gießkanne und ohne gesetzliche Grundlage, LTO vom 5.5. 2020, https://www.lto.de; *Krönke*, AöR Bd. 146 (2021), 50 (82); *Becker*, in: Huster/Kingreen (Hrsg.), Handbuch Infektionsschutzrecht, 2. Aufl. 2022, Kap. 9 Rn. 147.
[295] → V. 6. b).

zielle (Krisen)Hilfen zugunsten der Wirtschaft zu empfehlen.[296] Der regelmäßige Landesvollzug ergibt sich dann als Pflicht aus den Art. 83 ff. GG.

b) Parlamentarischer Beschluss über eine Krisenlage mit Tatbestandswirkung?

Ebenso wie im Bereich der sächlichen Krisenbewältigung[297] könnte auch im Bereich der finanziellen Krisenhilfen in Betracht kommen, dem Parlamentsvorbehalt ergänzend dadurch Rechnung zu tragen, dass ein Parlamentsbeschluss über das Vorliegen einer Krise[298] auf Bundes- oder auch auf Landesebene in Vorschriften, die finanziellen Hilfen zugrunde liegen, vorausgesetzt wird. Jedoch erscheinen sowohl die Funktionalität als auch der legitimatorische Mehrwert eines solchen Beschlusses begrenzt.[299] Weil die Auszahlung finanzieller Hilfen ohnehin eine demokratisch hinreichend fundierte rechtliche Grundlage braucht, für deren Schaffung in aller Regel genügend Zeit bleiben wird, und weil der Grundsatz des Gesetzesvorbehalts im Bereich der Leistungsverwaltung insgesamt weniger streng wirkt als im Bereich der Eingriffsverwaltung, kann auf parlamentarische Beschlüsse über das Bestehen einer Krisenlage als Voraussetzung für die Auszahlung finanzieller Hilfen und auf einen entsprechenden, gesetzlich angelegten Mechanismus verzichtet werden.

c) Rücklagenbildung als Herausforderung des parlamentarischen Budgetrechts

In einigen Bundesländern wurden in den letzten Jahren zentrale Rücklagen für krisenbedingte Haushaltsrisiken gebildet, um im Bedarfsfall flexibel und rasch reagieren zu können. Die Mittelentnahme aus der Rücklage wurde dabei typischerweise von einem hinreichenden Krisenbezug der zu finanzierenden Maßnahme und von der Feststellung der bewirtschaftenden Stelle, den Mittelbedarf nicht aus vorhandenen Ansätzen decken zu können, abhängig gemacht. Soweit eine derartige Entnahme darüber hinaus allein der Zustimmung des Finanzministers bedarf, fordert diese Praxis das parlamentarische Budgetrecht heraus. So erscheint es grundsätzlich geboten,

---

[296] *Burgi*, Mit der Gießkanne und ohne gesetzliche Grundlage, LTO vom 5.5.2020, https://www.lto.de.

[297] Vgl. die parlamentarische Feststellung einer epidemischen Lage von nationaler Tragweite in § 5 IfSG.

[298] Siehe zum rechtsfunktionalen Krisenbegriff → I. 2.

[299] Kritisch auch *Sachverständigenausschuss nach § 5 Abs. 9 IfSG*, Evaluation der Rechtsgrundlagen und Maßnahmen der Pandemiepolitik, 30.6.2022, S. 105 und S. 108 mit Verweis auf *Barczak*, Der nervöse Staat, 2. Aufl. 2021, S. 649 ff.

für Entnahmen ab einer bestimmten Betragshöhe einen Zustimmungsvorbehalt für den zuständigen Parlamentsausschuss vorzusehen.[300] Im Übrigen kann die parlamentarische Rückbindung auch durch die regelmäßige Information des parlamentarischen Finanzausschusses gestärkt werden.

2. Das Verhältnis zwischen den einzelnen Fachressorts innerhalb der Regierung

a) Ausgabenwettlauf bei Bildung zentraler Rücklagen

Die Bildung zentraler Rücklagen für krisenbedingte Haushaltsrisiken kann im Verhältnis zwischen den Regierungsressorts[301] zu einem Wettlauf der einzelnen Ressorts um Zugriff auf die Rücklagenmittel führen. Zu erwägen ist, die exekutivinterne Steuerungsverantwortung für die Mittelentnahme zu konzentrieren, sei es bei der Regierungsspitze oder im Finanzministerium. Zudem könnten Mechanismen geschaffen werden, um die Verantwortung für erforderliche Einsparungen in Krisenzeiten auf die einzelnen Ressorts aufzuteilen.

b) Formalisierte Zuständigkeitsbündelung in Regierung und Exekutive im Krisenfall im Übrigen?

Eine darüber hinausgehende, rechtlich geregelte Zuständigkeitsbündelung innerhalb der Regierung oder auch der nachgeordneten Exekutive für die Entscheidung über finanzielle Hilfen im Krisenfall erscheint nicht erforderlich. Besondere regierungsinterne Krisenstäbe oder -gremien, die dazu dienen können, finanzielle Hilfsmaßnahmen zu initiieren und zu koordinieren, lassen sich bei Bedarf ad hoc bilden.[302]

3. Alternative institutionelle Gestaltungen und Verfahrensweisen im Verhältnis zwischen Parlament und Regierung?

Auch im Verhältnis zwischen Parlament und Regierung sind alternative, zumal neuartige institutionelle Gestaltungen und Verfahrensweisen zur Entscheidung über finanzielle Hilfen im Krisenfall nicht geboten. Die verfassungsrechtlich angelegten Verfahrensweisen

---

[300] In Baden-Württemberg besteht ein Zustimmungsvorbehalt für den Finanzausschuss ab Entnahmen in Höhe von 7,5 Mio. Euro.
[301] Zur Zuständigkeit der Ressortminister beim Haushaltsvollzug *Kube,* in: Ehlers/Fehling/Pünder (Hrsg.), Besonderes Verwaltungsrecht, Bd. 3, 4. Aufl. 2020, § 66 Rn. 234.
[302] Ob für die Ausgestaltung sächlicher Krisenhilfen weitergehende Vorsorgemaßnahmen organisatorischer und verfahrensbezogener Art sinnvoll sein könnten, soll dahingestellt bleiben.

erlauben hinreichend zügige Ausgestaltungen finanzieller Krisenhilfen durch die zuständigen Staatsorgane in ihrem ordnungsgemäßen Zusammenwirken.³⁰³

VIII. Die Finanzierung finanzieller Krisenhilfen des Staates

1. Zuständigkeit zur Lastentragung im föderalen Verhältnis

a) Grundsätzliche Vollzugsakzessorität gemäß Art. 104a Abs. 1 GG – Fragwürdige Bundesfinanzierung

Die föderale Zuständigkeit, die Finanzierungslasten aus finanziellen Krisenhilfen des Staates zu tragen (Lastentragungs- oder Ausgabenzuständigkeit), ergibt sich grundsätzlich aus Art. 104a Abs. 1 GG.³⁰⁴ Die Lastentragungszuständigkeit folgt danach regelmäßig der Vollzugszuständigkeit für das jeweilige Hilfsprogramm, auch bei nicht gesetzesakzessorischer Verwaltung.³⁰⁵ Art. 104a Abs. 2 GG (Bundesauftragsverwaltung) und – was vorliegend von besonderer Bedeutung sein kann – Art. 104a Abs. 3 GG (Geldleistungsgesetze des Bundes) sehen Abweichungen vor, die zu einer Lastentragung des Bundes führen.

Schwerwiegende Fragen wirft vor diesem Hintergrund die Lastentragung des Bundes im Fall der umfangreichen COVID-19-Wirtschaftshilfen und auch der Hilfen zur Bewältigung der Flutkatastrophe 2021 auf. Die diesbezügliche Verwaltungskompetenz der Länder³⁰⁶ spricht klar für deren Lastentragungskompetenz. Eine originäre Lastentragungskompetenz des Bundes aus der Natur der Sache herzuleiten,³⁰⁷ verbietet sich und verstieße gegen Art. 104a Abs. 1 GG.³⁰⁸ Es steht dem Bund nicht zu, freiwillig Mittel bereitzustellen, etwa um sich angesichts der besonderen Belastung eines Landes oder mehrerer Länder solidarisch zu zeigen oder auch Einfluss nehmen zu können. Darüber hilft auch die 1971 entworfene,

---

³⁰³ Auch diesbezüglich soll dahingestellt bleiben, ob mit Blick auf sächliche Krisenhilfen anderes gelten könnte.

³⁰⁴ Bezogen auf die Katastrophenbewältigung *Musil/Kirchner*, Die Verwaltung Bd. 39 (2006), 373 (387f.).

³⁰⁵ *Kempny/Reimer*, in: Ständige Deputation des Deutschen Juristentages (Hrsg.), Verhandlungen des 70. Deutschen Juristentages, Bd. I, 2014, S. D 30; *Kube*, in: BeckOK Grundgesetz, Stand: 15.8.2023, Art. 104a Rn. 10.

³⁰⁶ → VI. 2. d).

³⁰⁷ Vgl. *Heintzen*, in: von Münch/Kunig, GG, 7. Aufl. 2022, Art. 104a Rn. 33f.

³⁰⁸ Aus Art. 104a GG ergibt sich deshalb, zur Verhinderung der Praxis des „goldenen Zügels", ein Fremdfinanzierungsverbot; *Waiblinger*, Die „Aufgabe" im Finanzverfassungsrecht des Grundgesetzes, 2000, S. 107ff.

aber – wegen ihrer verfassungsrechtlichen Fragwürdigkeit zu Recht – niemals beschlossene und niemals in Kraft getretene „Verwaltungsvereinbarung über die Finanzierung öffentlicher Aufgaben von Bund und Ländern" (Flurbereinigungsabkommen)[309] nicht hinweg, auf die sich der Bund der Sache nach gleichwohl immer wieder beruft. Insbesondere die in der Praxis, gerade auch im Rahmen der COVID-19-Pandemie[310] und der Flutkatastrophe 2021[311] bemühte inhaltliche Bezugnahme auf § 1 Abs. 1 Nr. 1 des Abkommensentwurfs (Bundesfinanzierung der „Wahrnehmung der Befugnisse und Verpflichtungen, die im bundesstaatlichen Gesamtverband ihrem Wesen nach dem Bund eigentümlich sind (gesamtstaatliche Repräsentation)") trägt insoweit nicht. Bundesseitige Krisenhilfe dient, anders als identitätsstiftende Akte wie etwa Staatszeremonien,[312] nicht der gesamtstaatlichen Repräsentation. Vieles ließe sich ansonsten in dieser Weise einordnen, um eine Lastentragungskompetenz des Bundes zu konstruieren.

Art. 104b Abs. 1 Satz 2 GG, der notlagenbedingte Bundesfinanzhilfen an die Länder erlaubt, scheidet im Fall der COVID-19-Wirtschaftshilfen und der Hilfen zur Bewältigung der Flutkatastrophe 2021 ebenfalls aus. Denn abgesehen von den hohen tatbestandlichen Anforderungen der Norm und der Beschränkung auf die Förderziele nach Art. 104b Abs. 1 Satz 1 Nr. 1 bis 3 GG ist zu beachten, dass diese Bundesfinanzhilfen nur zur Belebung von Investitionstätigkeit gewährt werden dürfen.[313]

---

[309] Dazu *Rodi*, Die Subventionsrechtsordnung, 2000, S. 345 ff.; *Heintzen*, in: von Münch/Kunig, GG, 7. Aufl. 2022, Art. 104a Rn. 33 f.
[310] Siehe beispielsweise die Formulierung in Art. 1 Abs. 1 Satz 2 der die Corona-Soforthilfen für die Wirtschaft regelnden Verwaltungsvereinbarung zwischen dem Bund und dem Land Brandenburg; Amtsblatt für Brandenburg, Nr. 14 (Ausgabe S) vom 9.4.2020, S. 312/2 („Der Bund gewährt auf der Grundlage seiner Zuständigkeit für Maßnahmen im Rahmen der gesamtstaatlichen Repräsentation Soforthilfen für …").
[311] Siehe Art. 1 Satz 2 der Verwaltungsvereinbarung zwischen Bund und Ländern über die Beteiligung des Bundes an den Soforthilfen der Länder zur Bewältigung der Folgen der Hochwasserkatastrophe im Juli 2021 („Der Bund beteiligt sich daher auf der Grundlage seiner Zuständigkeit für Maßnahmen der gesamtstaatlichen Repräsentation an den Soforthilfen der Länder …"); kritisch dazu *Steinbeck*, Der Bund als Retter in der Flut?, Verfassungsblog vom 12.1.2024, https://www.verfassungsblog.de; kritisch bereits zur Kompetenzmäßigkeit der Wiederaufbauhilfe des Bundes nach der Elbeflut 2002 *Musil/Kirchner*, Die Verwaltung Bd. 39 (2006), 373 (390); eine Kompetenz des Bundes für die Fluthilfe 2013 nach umfassender Prüfung verneinend *Mann*, Fluthilfe 2013 – Finanzierung der Hochwassernachsorge, 2017, S. 87 ff. und S. 187.
[312] Siehe dazu im Zusammenhang mit Art. 22 GG *Scholz*, in: Dürig/Herzog/Scholz, GG, 102. EL August 2023, Art. 22 Rn. 35.
[313] Zu diesem Bezug *Heun/Thiele*, in: Dreier, GG, Bd. 3, 3. Aufl. 2018, Art. 104b Rn. 29; *Hellermann*, in: von Mangoldt/Klein/Starck, GG, Bd. 3, 7. Aufl. 2018, Art. 104b Rn. 61; *Henneke*, in: Schmidt-Bleibtreu/Hofmann/Henneke, GG, 15. Aufl. 2022, Art. 104b Rn. 21.

Auch mit Blick auf die Lastentragungskompetenz ist daher der Erlass eines Bundesgesetzes, das umfangreiche finanzielle Hilfen zugunsten der Wirtschaft fundiert, zu befürworten. Denn auf Grundlage eines solchen Gesetzes kann sich eine Lastentragungskompetenz des Bundes, je nach Ausgestaltung, insbesondere aus Art. 104a Abs. 3 GG (Geldleistungsgesetz des Bundes) ergeben.

Weitere, neue Finanzierungskompetenzen des Bundes, die sich über die hergebrachten und wohlbegründeten verfassungsrechtlichen Zusammenhänge zwischen Gesetzgebungs-, Vollzugs- und Lastentragungskompetenzen hinwegsetzen, sind nicht erforderlich und nicht zu empfehlen.

b) Mögliche Konsequenzen für den bundesstaatlichen Finanzausgleich

Krisenbedingte Finanzierungslasten des Bundes oder der Länder können Konsequenzen für den bundesstaatlichen Finanzausgleich haben. So können die Anteile des Bundes und der Länder an der Umsatzsteuer nach Art. 106 Abs. 3 Satz 3 und 4 sowie Abs. 4 GG lastengerecht anzupassen sein.[314] Insgesamt hat der bundesstaatliche Finanzausgleich dafür zu sorgen, dass Bund und Länder jeweils mit den Mitteln ausgestattet werden, die sie benötigen, um krisenbedingte Finanzierungslasten tragen zu können.

2. Finanzierungsquellen

a) Grundsätzliche Steuerfinanzierung

Der Steuerstaat des Grundgesetzes finanziert sich freiheits- und gleichheitsgerecht durch Steuern.[315] Auch finanzielle Krisenhilfen sind als allgemeine Staatsaufgabe in erster Linie steuerlich zu finanzieren.

Ihre Finanzierung durch Vorzugslasten (Gebühren und Beiträge), die sich nach dem Äquivalenzprinzip bemessen, würde dem Gedanken der sozialstaatlichen Unterstützung in Not und der Unternehmenshilfe in wirtschaftlicher Bedrängnis diametral zuwiderlaufen.

b) Finanzierung durch die Sozialversicherung unter Berücksichtigung des Steuerzuschusses

Das Steuerstaatsprinzip steht einer ergänzenden Finanzierung finanzieller Krisenhilfen im Rahmen der Sozialversicherungssysteme

---

[314] Dies ist etwa in § 4 Abs. 3 des Gesetzes zur Errichtung eines Sondervermögens „Aufbauhilfe 2021" (Aufbauhilfefonds-Errichtungsgesetz 2021 – AufbhEG 2021) vom 10.9.2021 (BGBl. 2021 I 4147) geschehen.
[315] BVerfGE 78, 249 (266 f.); 82, 159 (178); 93, 319 (342); 101, 141 (147).

nicht von vornherein entgegen. Doch muss bewusst sein, dass sich die Solidargemeinschaft der Mitglieder einer Sozialversicherung, die diese Versicherung durch ihre Beiträge finanziert, von der allgemeinen Solidargemeinschaft der Gesamtheit der steuerpflichtigen Bürger unterscheidet.[316] Soweit finanzielle Krisenhilfe im Einzelfall nicht als spezifische Versicherungsleistung einzuordnen, sondern – wie in der Regel – allgemeine Staatsaufgabe ist, kann dies zu Verzerrungen bei Einbeziehung der Sozialversicherung führen.[317] Der Steuerzuschuss (Art. 120 Abs. 1 Satz 4 GG) erweist sich insoweit als die zutreffende Finanzierungsform. Insoweit dient die Sozialversicherung dann (nur) als geeigneter Rahmen für eine effiziente Auskehrung der Hilfe.[318]

c) Sachlich und zeitlich begrenzt zulässige notlagenbedingte Kreditfinanzierung

Die Regelungen in Art. 109 Abs. 3 GG, für den Bund durch Art. 115 Abs. 2 GG ergänzt, lassen eine Nettoneuverschuldung des Staates nur in bestimmten Grenzen zu. Auch finanzielle Krisenhilfen können in diesen Grenzen ergänzend kreditfinanziert werden.[319] Ins Zentrum der Aufmerksamkeit ist in den letzten Jahren die Möglichkeit der ausnahmsweise zulässigen, notlagenbedingten Kreditaufnahme gemäß Art. 109 Abs. 3 Satz 2, 2. HS, Art. 115 Abs. 2 Satz 6 bis 8 GG getreten. Bei Naturkatastrophen oder anderen außergewöhnlichen Notsituationen, die sich der Kontrolle des Staates entziehen und die staatliche Finanzlage erheblich beeinträchtigen, ist danach eine zusätzliche Nettokreditaufnahme durch Bund und Länder zulässig, die zur Finanzierung von Maßnahmen zur Krisenbewältigung dient. In seiner Entscheidung vom 15. November 2023[320] hat das Bundesverfassungsgericht klargestellt, dass die Kreditmittelaufnahme und -verwendung stets in einem vom Haushaltsgesetzgeber vertretbar darzulegenden sachlichen Veranlassungszusammenhang mit der tatbestandlichen Notlage stehen müssen und dass dabei, auch beim Einsatz unselbständiger Sondervermögen, jahresbezogen zu planen und zu finanzieren ist.

Je weniger sich eine Notlage im Laufe der Zeit noch als exogener, unvorhersehbarer Schock darstellt und je mehr das Geschehen für den Haushaltsgesetzgeber planbar wird, desto schwieriger wird es, eine weitere Notlagenkreditfinanzierung verfassungsgemäß zu be-

---

[316] *Kube*, in: DStJG Bd. 29, 2006, S. 11 (21 f.).
[317] Umfassend *Butzer*, Fremdlasten in der Sozialversicherung, 2001.
[318] *Krasney/Heidenreich/Lubrich*, in: Kluckert (Hrsg.), Das neue Infektionsschutzrecht, 2. Aufl. 2021, § 11 Rn. 57 ff.; siehe auch → V. 2. b) aa).
[319] Etwa *Katz*, DÖV 2021, 670 ff.
[320] BVerfG, NJW 2023, 3775 ff.

gründen.³²¹ Die Finanzierung der Krisenbewältigung wird dann zu einer Aufgabe, der sich die durch die Krise betroffene Generation selbst stellen muss.

d) Finanzielle Prioritätensetzung und Subsidiarität des Staates

Stets obliegt es im Übrigen der politischen Entscheidung und finanziellen Prioritätensetzung des Haushaltsgesetzgebers, ob und inwieweit der Staat – jenseits der Sicherung des sächlichen Existenzminimums³²² – überhaupt im Wege finanzieller Krisenhilfe tätig wird. Auch unter dem Gesichtspunkt der begrenzten finanziellen Leistungsfähigkeit des Staates³²³ ist daher der Grundsatz der Subsidiarität staatlicher Hilfe³²⁴ zu bedenken.

3. Haushaltsrecht

Ist eine Gebietskörperschaft für die Finanzierung einer finanziellen Krisenhilfe zuständig und stehen entsprechende Mittel zur Verfügung, dann ist diese Finanzierung im Staatshaushalt abzubilden. Um die Schlagkraft der Krisenreaktion zu erhöhen, können haushalts(verfassungs)rechtlich zulässige Titelflexibilisierungen ebenso genutzt werden wie Rücklagen,³²⁵ Sondervermögen und vergleichbare Instrumente. Möglichkeiten bietet auch die bundes- und landeshaushaltsrechtlich vorgesehene Kategorie der Billigkeitsmaßnahmen (§ 53 BHO/LHO).³²⁶

IX. Zusammenfassung in Thesenform

1. Eine Krise im rechtsfunktionalen Sinne ist eine außergewöhnliche, typischerweise disruptive Lage, die eine besondere, gerade auch kurzfristige Reaktion des Staates erfordert.
2. Die finanziellen Krisenhilfen des Staates, die in Reaktion auf die COVID-19-Pandemie, auf die durch den Krieg Russlands gegen

---

[321] Dies ergibt sich bereits aus dem verfassungsrechtlichen Notlagenbegriff, der ein Element der Unvorhersehbarkeit enthält; siehe BVerfG, NJW 2023, 3775 (3777 f.). Auch dann, wenn die jährlich erforderlichen Beträge zur Finanzierung der Krisenbewältigung den Staatshaushalt nicht mehr erheblich beeinträchtigen, scheidet die Notlagen-Kreditfinanzierung aus.
[322] → IV. 1. a) aa).
[323] *Munaretto*, Der Vorbehalt des Möglichen, 2022, insbesondere S. 32 ff. (Opportunitätskosten).
[324] Siehe bereits → IV. 1. a) cc).
[325] *Tappe*, in: Gröpl, BHO/LHO, 2. Aufl. 2019, § 62 Anh. Rn. 1 ff.; siehe allerdings → VII. 1. c) und 2. a).
[326] Zu den hier einschlägigen Billigkeitsgründen *Gröpl*, in: Gröpl, BHO/LHO, 2. Aufl. 2019, § 53 Rn. 13 ff.

die Ukraine ausgelöste Energiekrise mit ihren Inflationsfolgen und auf die lokale Krise infolge der Flutkatastrophe 2021 geleistet wurden, lassen sich in mehrfacher Weise systematisieren. Die Finanzhilfen zugunsten Privater dienten zum einen der Existenzsicherung, zum anderen der Unterstützung darüber hinaus. Die Finanzhilfen zugunsten der Wirtschaft waren typisierend nach der Schwere der Betroffenheit gestaffelt.
3. Weiterhin lassen sich die Hilfen nach den genutzten Regelungs- und Verwaltungsstrukturen gliedern. Zu unterscheiden sind Finanzhilfen aufgrund eigenständiger Antragsverfahren, im Rahmen der Sozialsysteme, im Rahmen des Steuerrechtssystems, mittels Indienstnahme der Arbeitgeber, durch Eingriffe in Markttransaktionen (Preisdeckel, Rabatte) und durch die staatliche Kostenübernahme bei Gewährung sächlicher Hilfen.
4. Im Umfang des sächlichen Existenzminimums besteht ein originärer, in der Krisenlage bei Bedarf anzupassender Leistungsanspruch. Darüber hinaus ist sozialstaatliche Unterstützung in jedem Fall gleichheitsgerecht auszugestalten (vertikale und horizontale Bedarfsgerechtigkeit). Im Übrigen erschöpft sich der soziale Staat nicht im Sozialleistungsstaat.
5. Das Grundgesetz kennt kein originäres Recht auf Wirtschaftssubventionen. Entscheidet sich der Staat für eine Wirtschaftsförderung, muss sie ihrerseits nach der vertikalen und horizontalen Bedarfsgerechtigkeit ausgestaltet werden.
6. Je nachdem, welche Regelungs- und Verwaltungsstrukturen zur Auskehrung finanzieller Hilfen genutzt werden (siehe oben 3.), sind deren verfassungsrechtliche Binnenstrukturierungen zu beachten. Weitere Ausgestaltungsdirektiven ergeben sich aus der gebotenen Abwägung zwischen Verifikation und Praktikabilität, vor allem bei der gesetzlichen Typisierung, und aus dem Recht auf informationelle Selbstbestimmung. Die Datenerhebung und -verarbeitung nach dem once-only-Prinzip ist perspektivenreich.
7. Produktbezogene Entlastungen in Gestalt von Preisbremsen und Verbrauchsteuerermäßigungen können bei einer Krise, die Produktpreise betrifft, recht zielgenau helfen. Doch kann das Gebot vertikaler Bedarfsgerechtigkeit ergänzende Maßnahmen verlangen. Ähnliches gilt für die staatliche Kostenübernahme bei sächlichen Krisenhilfen.
8. Direkte finanzielle Krisenhilfen für Privatpersonen lassen sich bedarfsgerecht im Rahmen der Sozialsysteme überbringen. Möglichkeiten, um Personen zu erreichen, die nicht hinreichend in den Sozialsystemen angelegt sind, bietet das Steuerrechtssystem. Zu empfehlen ist eine Erweiterung von § 139b AO um Vorschriften, die dem BZSt die Weitergabe bestimmter, für die

bedarfsgerechte Bemessung finanzieller Krisenhilfen relevanter Steuerinformationen an die Auszahlungsstellen erlauben. Eine Einkommensbesteuerung von Krisenhilfen zur Erreichung einer sozialen Staffelung ist aus verschiedenen Gründen abzulehnen.
9. Direkte finanzielle Hilfen für Unternehmen sollten auch weiterhin primär auf Grundlage eigenständiger Antragsverfahren ausgekehrt werden. Zur inhaltlichen Vorstrukturierung von umfangreichen Hilfsprogrammen zugunsten der Wirtschaft und zur Sicherung ihrer Bedarfsgerechtigkeit empfiehlt sich eine vorsorgliche Gesetzgebung des Bundes.
10. Auch das Steuerrecht kann und sollte zur Entlastung der Bürger und Unternehmen in Krisenzeiten genutzt werden. Materielle Steuerentlastungen, die in der Regel erst über die Veranlagung greifen, sollten dabei mit kurzfristigen, in laufende Verfahren eingearbeiteten Entlastungen verbunden werden. Steuerliche Katastrophenerlasse helfen bei lokalen Krisen; zu empfehlen ist deren gesetzliche Fundierung.
11. Finanzielle Krisenunterstützung des Staates sollte auch darauf gerichtet sein, die Zivilgesellschaft zu aktivieren, insbesondere bei lokalen Krisen.
12. Allgemeine und umfassende Rahmenregelungen zu finanziellen Krisenhilfen des Staates erscheinen nach alldem nicht sinnvoll. Zu empfehlen sind aber 1. Regelungen zur gesetzlichen Vorstrukturierung umfangreicher finanzieller (Krisen)Hilfen zugunsten der Wirtschaft, 2. die Schaffung einer Rechtsgrundlage zur Ermöglichung der Weitergabe steuerlicher Informationen durch das BZSt an Stellen, die Krisenhilfen auszahlen, und 3. die Schaffung einer gesetzlichen Grundlage für steuerliche Katastrophenerlasse.
13. Kompetenzrechtlich verfügt der Bund über weitreichende Möglichkeiten, um bundeseinheitliche Gesetzesregelungen über finanzielle Krisenhilfen für Bürger und Wirtschaft zu schaffen. Jedoch lässt Art. 74 Abs. 1 Nr. 7 GG eine „Wohlstandssubventionierung" nicht zu. Art. 105 Abs. 2 Satz 2 GG trägt nur Regelungen, die einen inhaltlichen Zusammenhang mit dem Steuerrecht aufweisen.
14. Sind die Länder – wie in den meisten Fällen – für den Vollzug finanzieller Krisenhilfen zuständig, sollte eine weitgehende Vollzugsvereinheitlichung angestrebt werden, insbesondere auf digitaler Grundlage. Besondere und neuartige Formen der föderalen Kooperation sind zur Ausgestaltung und Auskehrung finanzieller Krisenhilfen nicht erforderlich.
15. Auch der Grundsatz des Gesetzesvorbehalts drängt darauf, umfangreiche Bundesprogramme zur finanziellen (Krisen)Unter-

stützung der Wirtschaft auf die Grundlage eines Parlamentsgesetzes zu stellen. Demgegenüber gibt es keine überzeugenden Gründe dafür, die parlamentarische Feststellung einer Krisenlage als Tatbestandsmerkmal in Regelungen über finanzielle Krisenhilfen aufzunehmen.

16. Haushaltsrücklagen für krisenbedingte Haushaltsrisiken fordern das parlamentarische Budgetrecht heraus. Für Entnahmen ab einer bestimmten Höhe sollte ein Zustimmungsvorbehalt für den zuständigen Parlamentsausschuss vorgesehen werden. Um einen Ausgabenwettlauf zwischen den Regierungsressorts zu verhindern, kann die Steuerungsverantwortung für die Mittelentnahme aus einer Krisenrücklage konzentriert werden.

17. Eine darüber hinausgehende, formalisierte Zuständigkeitsbündelung innerhalb der Exekutive für die Entscheidung über finanzielle Hilfen im Krisenfall erscheint nicht erforderlich. Auch im Verhältnis zwischen Parlament und Regierung sind alternative, zumal neuartige institutionelle Gestaltungen und Verfahrensweisen zur Entscheidung über finanzielle Krisenhilfen nicht geboten.

18. Die föderale Zuständigkeit, die Finanzierungslasten aus finanziellen Krisenhilfen zu tragen, folgt im Regelfall der Vollzugszuständigkeit (Art. 104a Abs. 1 GG). Freiwillige Fremdfinanzierung ist im Bundesstaat unzulässig. Eine Lastentragungszuständigkeit des Bundes aus der Natur der Sache oder auch aus dem Anliegen gesamtstaatlicher Repräsentation abzuleiten, verbietet sich. Art. 104b Abs. 1 Satz 2 GG hat hohe tatbestandliche Anforderungen und ist im Finanzierungszweck beschränkt. Ein Bundesgesetz über finanzielle Wirtschaftshilfen kann im Einzelfall als Geldleistungsgesetz nach Art. 104a Abs. 3 GG ausgestaltet werden. Weitere, neue Finanzierungskompetenzen des Bundes sind nicht erforderlich.

19. Krisenbedingte Finanzierungslasten können sich auf den bundesstaatlichen Finanzausgleich auswirken, so etwa auf die primäre vertikale Verteilung der Umsatzsteuer.

20. Im Steuerstaat des Grundgesetzes werden finanzielle Krisenhilfen im Regelfall steuerfinanziert. Eine ergänzende Finanzierung im Rahmen der Sozialversicherungssysteme kommt in Betracht, zumal unter Einbeziehung des Steuerzuschusses. Eine Finanzierung finanzieller Krisenhilfen durch notlagenbedingte Kreditaufnahme ist möglich; doch sind die verfassungsrechtlichen Anforderungen zu wahren. Schließlich ist auch unter dem Gesichtspunkt der begrenzten finanziellen Leistungsfähigkeit des Staates der Grundsatz der Subsidiarität staatlicher Hilfe zu beachten.